からだ あそび

愉しくなければ
あそびじゃない！

145選

九州合研常任委員会 編

かもがわ出版

はじめに

1．本書に込めた思い

　本書には、九州保育団体合同研究集会[1]を介してつながった54園から紹介された145種類のあそびが掲載されています。楽しいあそびのある保育こそ子どもが主人公の保育だと考える保育者によるイチ押しのあそびです。

　「乳児のからだあそび」には、一対一の触れ合いあそびや腹這い、ハイハイ、つかまり立ち、一人歩きといった発達のみちすじに即したあそびが掲載されています。「幼児のからだあそび」では、ちょっと背伸びした技にドキドキしながら挑戦したり、友だちとの関わりを深めながら自分たちでやり方を工夫していく集団あそびが紹介されています。そこには、「おもしろそう！　やってみたい！」と思えるあそびを子どもとともに楽しむという保育者のあそび心が込められています。さらに、田中せいこさんのイラストによって、ワクワク・ドキドキしながら子どもたちがあそぶイメージが伝わりやすくなっているのではないでしょうか。本書が読者の皆さんのあそび心を触発し、気に入ったあそび、気になるあそびを子どもたちと一緒に楽しんでもらえるようになることを願っています。

2．あそびを通してからだが育つ

　生後間もない赤ちゃんの手のひらに指を押し付けるとギュッと握り返す「把握反射」がみられます。これは、中枢神経[2]が未発達なため、脳からの指令とは無関係にからだが勝手に動く「原始反射」です。原始反射には、母乳を飲むために必要な「吸てつ反射」など、無防備な状態で生まれた赤ちゃんが初めての環境に適応するために必要な最低限の機能が含まれます。原始反射は4か月頃には消失し、中枢神経の発達に伴い、意図的な運動ができるようになります。

　しかし、意図的な運動の発達は、自然発生的に生じるものではありません。子どもは今持っている力を精一杯使い、同じ動きを何度もくり返します。そこから新しい発達の芽が生み出されていきます。自ら楽しんで活動する時、子どもは最もよく発達するのです。そうした活動を引き出す環境をどうつくり、どう保障するのかが、保育では問われます。

　では、乳幼児期のからだや運動の発達のみちすじを確認していきましょう。

3．乳児の発達のみちすじとからだあそび
1）全身（粗大運動）を使ったあそび

　首が据わる頃、仰向けの赤ちゃんは近くのお母さんの顔や目の前を動くおもちゃをじっと見たり、目で追うようになります。興味ある人、物の方に首や頭を動かして追視することは、その後の寝返り、お座りなどの姿勢保持の運動の発達につながります。この時期のあやしあそびは、あやしてもらうことの心地よさ、人や物に対する興味にくわえ、自ら動こうとする気持ちを高めていきます。ゆったりとした雰囲気の中で目を合わせて語りかけ

たり、あやしたりと笑顔と動きが引き出されるような関わりを大事にしましょう。

お座りの頃には大きな動きのあるあそびが可能になります。この時期には、以下のような二つのあそびをたっぷりと経験することがその後のつかまり立ちや一人歩きの獲得につながります。一つには、あやしあそびやゆさぶりあそびを楽しみながら様々な体位の変化を経験することです。この頃には中枢神経が成熟し、からだが傾いた時に頭や体幹をまっすぐな位置に保ったり、上体を支えようとする「姿勢反射」が出てきます。例えば、お座りした赤ちゃんの両脇を持ち上げ、急に前に傾けると両腕を前に出してからだを支えようとする「パラシュート反射」がみられます。この反射は、10か月の健診項目に含まれているように、一人歩きを始める前のからだの準備ができているというサインでもあります。こうした反射は、原始反射と違い一度獲得したら消失することはありません。転んだ時にとっさに手をついて自分のからだを守るのはこの反射が備わっているおかげです。本書には、わらべうたを楽しみながら姿勢反射を確かなものにするゆさぶりあそびが紹介されています。こうしたあそびを積み重ねることが自分の身を守るからだづくりにつながります。反射的な動きであると同時に、その後の経験によって動きが質的に高まっていくという特徴もあります。例えば、転んだ時に手は出たが顔や頭を打ったというケースを最近よく耳にします。しっかりと自分のからだを支えるためには、この時期に這うことを十分に経験することが必要です。このことが二つ目の課題となります。

ずり這い、四つ這いは、立ったり、歩いたりする時に必要な肩、胴体部、腹部、足の裏側などで自分の体重を支えたり、バランスを取ったりする力につながります。また、手足の交互性（左右の手・足が交互に出る）、交差性（右手が出るとき左足が出る、およびその逆）の協調した動きは、なめらかなからだの使い方の基礎になります。腹這い姿勢の赤ちゃんの目の前におもちゃを使って新しい世界をつくり、「欲しい、行きたい」という願いが生み出されるような関わりをしてみましょう。さらに、平らな場所だけでなく、斜面、段差などに挑戦することも大切です。段差が低い場合は手を出して前方から降り、段差が高い場合は方向を変えて後ろ向きで足から降り、段差が高すぎると降りないことを選択するようになります。こうした経験の中で、子どもは危険を予測する能力や安全な動きを獲得していきます。本書で紹介されている戸板、巧技台、牛乳パックの手づくり積み木などを使って回遊性のあるコースや廊下などの直線を利用して子どもが思わず這いたくなるような空間をつくってみましょう。

2）手指（微細運動）を使ったあそび

6か月前後の赤ちゃんにおもちゃを見せると手を伸ばして触れようとします（リーチング）。好奇心から興味あるモノに手を伸ばし、手のひらで握り、なめたりしながらモノに関する情報を統合する作業、いわゆる「目と手の協応」の段階です。目で見たモノの形や距離感などの視覚情報と手で触った感覚情報を統合しながら、届く―届かない、重い―軽い、硬い―柔らかいなどを学んでいるのです。

おなかと背中がしっかりすれば、それまで

ふらふらしていたお座りが安定します。支え
のいらないお座りの獲得によって両手が自由
になり、腕や指先などの末端の運動機能の発
達につながります。おもちゃを持ってあそん
だり、持ち替えたり、両手に持ったモノを打
ち合わせたりすることで目と手の協応がより
高まり、指の器用さも増します。

　生後しばらくの間は、子どものこころの中
で人やモノは結びついてはいません。ガラガ
ラを振ると、子どもはガラガラに意識が向き、
人は無視されます。他方で人に関心が移ると、
ガラガラは忘れて人との関係を喜びます。子
ども—モノ、子ども—人という二項関係の世
界です。ところが、子ども－モノ－おとなと
いう「三項関係」が形成されると外界との関
わりが大きく変化します。子どものこころの
中で大好きな人とモノとが結びつくようにな
るのです。例えば、やってきたネコに気づき、
「あっあっ」と指さし、おとなの方を振り向い
て伝えようとします。大好きな人とモノを共
有するようになったのです。ボールを渡し
合ったり、転がし合ったり、モノを介して相
手とやりとりすることを楽しめる段階になっ
たことを意味します。「ドウゾ－アリガト」と
いったおとなとの「やりもらい」あそびを楽
しんでいきましょう。三項関係での「おもし
ろいね」と共感してくれる大好きな人とのや
りとりが言葉の獲得の土台になっていること
もおさえておきたいところです。

4．幼児の発達のみちすじとからだあそび
1）「基本的な動き」を身につける
　幼児期は、歩く、走る、跳ぶ、投げるなど
の基本的な動きを習得し、ある程度目的に応

じてできるようになります。基本的な動きは、
姿勢を変えたり自分のからだの平衡を維持す
る「バランスをとる動き」、自分のからだを移
動させる「移動する動き」、ボールなど自分
のからだ以外の物を操作する「操作する動き」
に分類されます。そして、小学校入学時には
この3つのカテゴリーに含まれるいろいろな
種類の動きの数（レパートリー）がほぼ成人
の発達水準に近づくといわれています。さら
に、動きのレパートリーが増えるだけでなく、
様々な動き方（やり方）ができるようになり
ます。例えば、「走る」動きには、かけっこの
ようにまっすぐ前に、横に、後ろに、線の上
をなどの方向性、スキップ、ギャロップなど
のリズム、鬼ごっこで相手の位置を確認しな
がら追いかけたり、逃げたりするような様々
な「走り方」があります。単に走るという動
きを取り出して習得させるのではなく、多様
なバリエーションが経験できるあそびや場を
提供していくことが求められます。
2）基本的な動きに磨きをかける
　子どもは1歳過ぎに両手を上げてバランス
をとりながら、ぎこちなく不安定な歩行を始
めます。その後、5歳頃には安定感が増し、
長い距離を継続的に歩けるようになります。
経験とそのくり返しによって、こうした動き
の質的な変容がみられるようになります。例
えば、まりつきの未熟な段階では、つくタイ
ミングや力の入れ具合がわからず、全身でバ
タバタ対応し、続けてつけません。しかし、
くり返すことによってぎこちなさや無駄な動
きが少なくなり、手のひらと指だけを使った
滑らかな運動に変わっていきます。

　さらに、2つの異なる動きを組み合わせて

目的に合った動きをするようになります。3歳では助走して跳んだり、ボールを蹴ったりできません。しかし、4歳後半以降、走ってきた勢いを活かして、遠くに跳んだり、ボールを強く蹴ったりする動きの結合がみられるようになります。また、「～しながら～する」といった2つの動きを統合することが可能になるのもこの時期の特徴です。縄を回しながら跳ぶといった、動きを組み合せた複雑な動きができるようになります。しかし、いきなり縄跳びに挑戦させてはいけません。それに先立って、縄を回したり、床に置いた縄を跳ぶなどのあそびを通して個々の基本的な動きを身につけておくことが必要です。

5．子どもとともにあそび文化を伝えていく

現代の5歳は30年近く前の3歳程度の運動能力に止まっているという調査結果が出されています。こうした現状を受け、外部講師による「体育教室」などを実施する幼稚園、保育園が多くなっています。しかし、「体育教室」実施園はそうでない園より運動能力の育ちがよくないという調査結果もあります。友だちと一緒に、能動的に、知的機能も積極的に行使するあそびの保育こそ、からだやこころの発達につながるのです。

例えば、年長クラスの鬼ごっこでは、個々の追う―逃げるのおもしろさだけでなく、グループ（チーム）のメンバーとして活動するおもしろさが追求されるようになります。さらに、それまでの「ルールを守る」段階から自分たちにあった「ルールを創る」段階に入っていきます。今までのあそびに満足しなくなった子どもたちは、みんなにとってもっと

おもしろく、もっとドキドキできるものへとルールを変更します。本書で紹介されているような「ケイドロとしっぽ取り」を合体したあそびや○○園独自のあそびやルールを生み出します。おとなが選んだ特定の運動を受け身の形でくり返し練習することが多い「体育教室」では得ることのできない貴重な体験に基づいたものといえそうです。さらに、年長児が熱中するあそびは、憧れの眼差しを向ける年少児によって園の伝統として引き継がれていくのではないでしょうか。

園外保育中に交通事故に巻き込まれる事故の影響から散歩を中止する園が相次ぐなど戸外での活動に二の足をふんでいる保育者が少なくありません。子どもたちが安心して園外で活動するためには、保育者自身の安全に関する細心の注意にくわえ、散歩・園外保育時の人員配置に関する園側の配慮も必要です。また、移動経路にある歩道の整備などの安全確保も欠かせません。子どもたちの健やかなからだとこころの育ちと安全を守るためにも、子どもは地域で育つ、育てるということを積極的に保育者から地域に発信することが求められます。

註
1）保育者、保護者、給食担当者、研究者など、立場を超えて保育関係者が集う自主的で民主的な民間保育研究団体。1970年から毎年1回、九州各県をめぐって1000名規模の集会を開催している。
2）からだの動きを支配する大脳、小脳、延髄、脊髄をまとめて中枢神経という。

からだあそび

もくじ

幼児の「からだあそび」

・表　紙　画
・本文イラスト　田中　せいこ

・装　丁　菅　田　　亮

乳児のからだあそび

1．気になる赤ちゃんのからだの様子

みなさんのクラスの赤ちゃんはからだを動かすことを楽しめていますか？

抱っこの際にからだの硬さを感じる。腹這いの姿勢やハイハイを嫌がる。ハイハイせずにすぐにつかまり立ちし、歩き始めてしまう。

こうしたからだの硬さや発達の飛び越しといった姿が生じる背景には、乳幼児を取り巻く子育て環境の変化があり、なかでも「便利な」育児用品の宣伝・普及・使用があると考えられます。

ネットの育児用品サイトにはあふれるほどの様々な商品画像が並んでいます。「あっ、これは便利そう」と感じれば、クリック一つで簡単に購入することができます。

例えば最近見かける「抱っこひも（直立方向に抱っこできる育児用品）」もその一つです。縦抱きにすると、赤ちゃんの顔が見えやすいので親は安心かもしれません。また抱っこひもを使えば両手が自由になるので、買い物などで荷物を運ぶのに便利でしょう。

しかし、首が据わる前の赤ちゃんにとって縦抱きの状態は不安定な姿勢であり、未熟な腹筋や背筋で重い頭や胴体を支えなくてはいけません。その結果、全身に力が入りすぎて緊張し、からだの硬さをまねきます。

現代の子育て環境は、核家族で周囲に頼る相手がいない、共働きで忙しい、ワンオペ育児[1]で余裕がないなど、以前よりも厳しくなっています。こうした現代の子育ての困難を理解し、親の思いに寄り添うことがまず大事でしょう。そうしつつ、便利さの中に潜む弊害も伝え、「かしこい」使い方を親とともに考えていきましょう。

2．触れ合いあそびを大切に

乳児期は寝返りから、ハイハイ、歩行の獲得と発達が著しい時期です。また、身近なおとなとのやり取りの中で、人への愛着や信頼関係を深めていく時期でもあります。

乳児の保育室には、抱っこされてのあやしあそびや揺さぶりあそびをはじめ、保育者との一対一の心地よい関わりが日常のあらゆる場面にあります。オムツ交換の時間も赤ちゃんには楽しい一時となります。お尻を拭いてもらって気持ちよくなった時に、おへそにチューしたり、おなかをさすったり、くすぐったりすると赤ちゃんは手足をばたつかせて喜びます。これも赤ちゃんにとって楽しいあそびとなるのです。

また、わらべうたをうたって楽しむくすぐりあそびは赤ちゃんが大好きなあそびの一つです。「一本橋こちょこちょ」「いちじくにんじん」などでくり返しあそんでいくと「この後でこちょこちょがくるな！」と期待して待ち、「やっぱり！」と大喜びします。そして「モッカイ！」と何回もせがんできます。生活の折々で、からだとからだを触れ合わせてあそぶことを保育者も一緒に楽しみましょう。その際、からだが緊張していないか、表情は

どうかなどに目を向けましょう。ゆったりとした静かなリズムがいいのか？　少しダイナミックな方が楽しいのか？　目の前の子どもの様子に応じた適切な触れ合い方に気づくことができるでしょう。そのようにして一人ひとりに添いながら関わっていくと、最初はどことなく緊張して、からだに硬さを感じる子も、優しく揺さぶられ、子守うたやわらべうたをうたいかけられる中で、保育者に身もこころもゆだねる心地よさを体験していきます。

　「からだを動かすことが楽しい！」という実感は、こうした大好きな保育者の温かい働きかけがある中で、乳児のからだとこころに刻まれていくのです。

３．手指を使った操作あそび

　乳児期は、からだや運動機能の育ちとともに、手指の巧緻性、目と手の協応が発達し、手を使って物を操作するあそびが活発になります。一人座りができるようになると、両手が自由に使えるので、手を使ったあそびが広がっていきます。積み木を両手でカチカチと打ち合わせてみたり、「ポットン落とし[2]」あそびを飽くことなくやり続けることでしょう。この時、見守っていた保育者が「いっぱい、いっぱいだねー」など共感の言葉かけをすることが大事です。自分が感じているおもしろさに共感してくれる保育者の存在が、あそびをより楽しくします。

　生活の場面では、簡単な衣服の着脱も自分でやってみようとする姿が見られるようになります。そうした姿が見られるようになってきた際には、ファスナーの上げ下げや、ボタンやスナップをはめるなどの手指を使う手づ

くりおもちゃを用意するといいでしょう。その他、握る、振る、つまむ、ひっぱる、ひねる、ねじる、はがす、（穴にひもを）通すなどの様々な手指の動きを経験できるように、子どもの発達に応じたおもちゃを手づくりすることも試みてみましょう。

　また、水、砂、紙などの変化する素材でのあそびや、そこにスプーンなどの道具をくわえての生活再現あそびもたっぷり味わわせたいものです。

　乳児期は一人ひとりが安心してあそび込めるよう、落ち着きのある空間を保障しましょう。また、誤飲などの危険性のない、子どもが一人であそぶことができる遊具は、好きな時に自分で選びとれるように、子どもの手の届くところに置くことも大事です。「何回もやりたい！」と思えるようなワクワクする環境こそ発達を促す環境といえましょう。

４．動くことが楽しくてしかたない子どもへ

　歩けるようになる乳児期後半では、子どもたちの動きたいという思いがさらに強くなります。動くことがグッと楽しくなるような環境づくりを工夫したいものです。例えば、室内にマットを重ねて「マット山」をつくれば、ハイハイの子も、歩けるようになった子も、登ったり、すべったりと、もてる力を発揮して楽しみます。

　大型積み木や手づくりの牛乳パック積み木を組み合わせて、フラットな床にたくさんの凸凹のある「道」を作ってはどうでしょう。子どもたちは、手や足で高さや深さを探ったり、不安定な場所をドキドキしながらハイハイや歩いて乗り越えたり。そんな時、保育者

のほうを振り返り「ミテテ！」と視線を送るでしょう。大好きな保育者の見守りがあるからこそ、存分にからだを使い、周囲の世界を探索する活動が活性化するのです。

　また、歩行が確立し、走ることを獲得し始めた2歳頃は、戸外において、探索活動はさらに活発になります。なかでも、園庭の築山は、ダイナミックな活動へといざなってくれる格好のあそび場です。築山の斜面を、バランスを取りながら立って下ろうとする姿も見せるでしょう。保育者から見ると「ちょっと危ないかな？」と感じ、つい手を貸してしまいたくなる場面ですが、子どもたちの顔は真剣そのもの。小さなドキドキはチャレンジ精神をかき立てるようです。「危ないから」とすぐに制止するのではなく、子どもの挑戦を見守りたいものです。

　やがて、走ることが楽しくてしかたがない2歳後半になると、「マテマテあそび」もダイナミックになっていきます。保育者から追いかけられるだけでなく、逃げ回る保育者を子どもたちがみんなで追いかけ、つかまえようとすることも楽しむようになります。簡単なルールが理解できるようになれば、しっぽをたくさんつけた保育者を、子どもが追いかけて取る「しっぽ取り」も大好きなあそびのレパートリーにくわわり、楽しさが広がるでしょう。

　こうしたあそびの中で、思いっきり走ったり、時には転んだりすることを積み重ねながら、足・腰・体幹が鍛えられていきます。体幹が強くなると、安定して姿勢を維持することができ、手指を使ったあそびをじっくり楽しめるようになります。

5. 一人ひとりの願いに寄り添う散歩

　子どもたちにとって、散歩は大好きな活動の一つです。道端に咲いている草花を摘んだり、地面を歩いているアリに見入ったり、ダンゴムシやテントウムシを見つける子どもたち。凸凹道や坂道、階段などの変化のある道を歩くことも大好きです。あえて不安定な場所を歩くことで楽しみながら自然に体幹が鍛えられていきます。

　探索することを大切にしたい乳児期には、ゆったりと過ごせるように時間の余裕をもって散歩に臨みたいものです。

■T君の散歩のエピソードから

　T君（2歳0か月）は、保育室の中ではお気に入りの図鑑を保育者の所に持ってきて、花や虫を指さして「テントウムシネー」と保育者に伝えてくれる姿が見られます。ところが、一歩園外に出ると虫や草花には目もくれず、探索を楽しむ他の子たちから離れて、どんどん先へ先へと歩いて行ってしまうのです。「ちょっとまってT君！　ほら、ここにテントウムシがいるよ！」と言って気を引こうとしてもまるで通用しません。どんどん先に進んでは振り返り「もっと進もうよ！」と催促でもするような表情で保育者の顔を見つめます。あまりにも離れると危険なので「お手てつないで歩こうよ」と手をつなぐことになり、T君の気持ちにストップをかけてしまう状態になっていました。

　ある日、他のクラス担任の協力もありT君と保育者の二人きりで散歩にでかけました。園の正門を出ると早速いつものように、どんどん先に進んでいくT君。ほどよい高さのブロック塀や畑のわきの石垣の上の凸凹、近所

のお宅の駐車場の階段等々、散歩道の「小さなアトラクション」を見つけては「アッ！」と嬉しそうに保育者に伝え、登ったり、飛び降りたりを楽しんでいます。一対一で散歩に出かけてはじめて、のびのびと散歩を楽しむT君の姿を見ることができました。

乳児期はブラブラ探索しながら興味関心を広げていきます。一人ひとり、おもしろさを感じるところが違います。乳児期は発達の差や個人差も大きいので、違いに留意する必要があります。T君のエピソードのように、一人ひとりの子どもの状況に応じた対応をしていきたいものです。そのためには職員間で話し合い、「こんな経験をして欲しい」という共通の願いを職員集団で共有することが不可欠です。

6．乳児クラスで大事な保育者同士の連携

たっぷりとからだを動かして日々過ごすためには、身近な保育者の温かな見守りのもと、安心して活動できる環境が必要です。「見ててね」「ほら、できたよ」という思いを受け止めてくれる保育者の存在があってこそ、「おもしろそうだな！」「やってみたいな！」という意欲は引き出されるのです。こうした子ども一人ひとりの思いに応えるには、保育者同士（特に担任間）の連携がなくてはなりません。子どもの「やりたい！」という思いを応援したいという気持ちは保育者みんな同じです。そこに依拠すれば、たとえ忙しくて話し合うことが難しいと思える時でも、保育者同士連携するための時間を生み出すことはできるのではないでしょうか。

乳児期は発達が著しく、あそびの中で見せ

る姿も日々大きく変化していきます。そうした子どもの姿を見逃さず必要な手立てを取るには、気になる姿や嬉しい子どもの姿を日常の中でいつでも、保育者間で共有していくことが必要です。

乳児期の保育者の役割は以下の2点に集約されると言えましょう。一つには、子どもの「やりたい」「楽しい」を引き出し、喜びあふれるあそびづくりを行うことができるよう、目の前の子どもが今どんなことに興味を持っているのかじっくり観察し、把握して、思わずからだを動かしたくなるような環境を準備すること。そして、二つには、一緒に思いっきりあそび、楽しさに共感しながら、からだを使ってあそぶことの「楽しさ・おもしろさ」を子どもたちが感じ取っていけるように関わっていくこと。この2点は同時に、保育者間の連携づくりのポイントでもあります。

註
1）ワンオペレーション育児の略語。
　パートナーが仕事で多忙などを理由に、一方に育児の負担がかかっている状態。
2）穴に物を入れて落としてあそぶ遊具。
　握る、つまむ、落とすなど手指を使って楽しむ。

ぎーっこん ばーったん

あそびかた

①ぎーっこん ばーったん

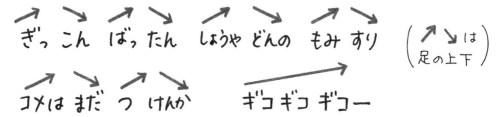

ぎっ こん　ばっ たん　しょうや どんの　もみ すり

コメは まだ　つ けんか　　ギコ ギコ ギコー

（↗↘は
足の上下）

②ももや　ももや
とおくのお山に

足は上下左右にゆらす

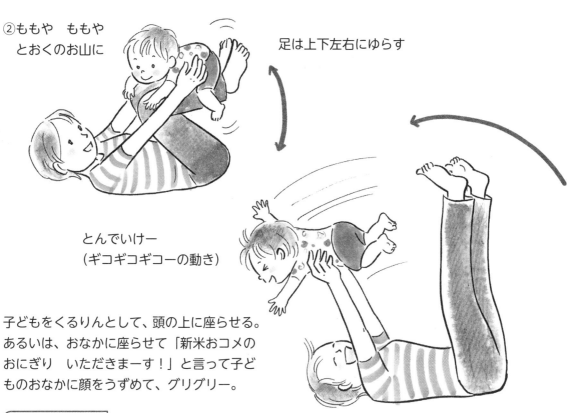

とんでいけー
（ギコギコギコーの動き）

子どもをくるりんとして、頭の上に座らせる。
あるいは、おなかに座らせて「新米おコメの
おにぎり　いただきまーす！」と言って子ど
ものおなかに顔をうずめて、グリグリー。

あそびのくふう

それぞれの月齢の子が、楽しみながらからだを動かすには？　「動きたくなる！」を考え、安全を
考慮して取り組んでいる。

紹介園　美心幼愛園（熊本）

わらべうたで赤ちゃん体操

あそびかた

①ひざの屈伸と股関節の運動
　♪アシアシアヒル　かかとをねらえ

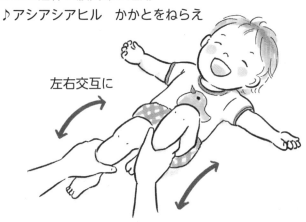

左右交互に

お父さん〜
お母さん〜
と、1本ずつ指の
マッサージをする

②うでの曲げのばしと肩関節の運動
　♪バッタン　バッタン　バッタンさん　おこめはいくつつけました
　　バッタン　バッタン　バッタンさん　はたはた　なんたん　おれました

うでの曲げのばし
肩の関節まわし

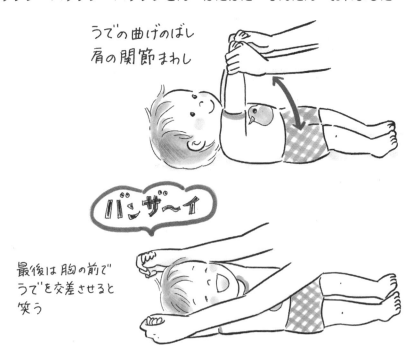

バンザ〜イ

最後は胸の前で
うでを交差させると
笑う

③おなかのマッサージ
　♪ボウズ　ボウズ　かわいときゃ
　　かわいけど　にくいときや　ペショ

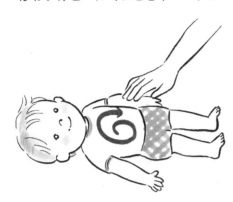

④床に足うらをつけて、前後左右にゆらゆら運動
　♪おふねはギッチラコ　ギッチラコ
　　ギッチラコ

前後左右にゆらす

子どもは
おとなの親指を
もつ

⑤ももを支えて飛行機ポーズ
　♪ヒコーキ　ヒコーキ　ブンブンブ〜ン

子どもの足のつけねを持って
胸をそらす
そして、保育者が胸を支えて頭を下げると
両手をひろげてパラシュート反応

⑥ゆさぶりあそび
　♪ことりことり〜

たてゆれ
よこゆれ
その子のこわくない
ゆさぶりから
やってます

あそびのくふう

・赤ちゃん体操を楽しくうたいながらできるよう、組み合わせている。
・子どもたちもうたうことでリラックスして、体操ができる。

▼▼▼▼▼▼
ポイントとして　わらべうたにあわせて体操することで、「この歌はこの動き」とわかり、「マッサージして！」と子どもも喜んでしてもらいたがる。
▲▲▲▲▲▲

紹介園　まつぼっくり保育園（福岡）

おらうちのどてかぼちゃ

あそびかた

①友だち2人、両手をつないで向かい合って立つ。

②♪おらうちのどてかぼちゃ～陽にやけて～くわれない
　とうたいながら2人一緒にからだをゆらす。

♪ おらうちの どてかぼちゃ～
　　陽に やけて～
　　　くわれない～ ♪

③"ギュ～"と言いながら、手をつないでいた友だちと抱き合う。

ぎゅ～っ

2人一緒に
からだを ゆらす

④保育者の歌に合わせて、他の友だちとペアになる。

⑤①に戻ってくり返す。

♪おうちの　どてかぼちゃ～

 あそびのくふう

たくさんの友だちと手をつなぐことで、クラスみんなでくり返し楽しめるあそびになる。

紹介園　コスモスこども園（大分）

COLUMN

「便利な」育児用品　①ベビーチェア──赤ちゃんにとっては？

　「ちょっとトイレに行く間だけでもじっとしておいて」「少しの時間でいいから機嫌よくしていて欲しい」…子育てをする親の切実な願いでしょう。便利な育児用品があれば活用したいと思うのは無理からぬことです。その「便利な」育児用品の一つがベビーチェアです。でも、自力で座位を保つことができない赤ちゃんがベビーチェアに長時間座る（座らせられる）ことは避けて欲しいのです。

　一見、赤ちゃんのからだが支えられるので、安定して座っているように見えます。ところが、背中を支える筋肉や骨、関節が十分に育っていないので、赤ちゃんはからだを無理に緊張させて「頑張っている」のです。また、体幹全体を使って動く赤ちゃんにとって、ベビーチェアによって腰回りの動きが制限されるということは、からだの自由が奪われている状態といえます。こうなると赤ちゃんは、動けない→動く気持ちにならない→自ら動こうとすることをあきらめるといったように、動くことへの意欲を失い、ひいては周囲に興味を持とうとする能動性が失われかねません。

　ベビーチェアを使うときには、こうしたデメリットを理解した上で長時間の使用を避け、使い終わったら、赤ちゃんマッサージやふれあいあそびをしてからだをほぐすなどの時間を設ける工夫をしたいものです。

バタ！　ドン！　まてまて！

1歳前後のハイハイが盛んになってきた子どもたちと、ハイハイを保育者とより楽しむ。

あそびかた

・ハイハイしている子が、うしろをチラッとふりむく瞬間（保育者を見るとき）があるので、その視線を逃さず、保育者も四つ這いで追いかける。手で床をたたいたり、バタバタ音をたてたりして子どもを追いかける。

・子どもをつかまえて、コチョコチョしたり、最後はじゃれあいあそびをする。

あそびのくふう

少しドキドキがあったほうがおもしろいので、手で床をたたいたりして「追いかけるぞ〜！」のハラハラ感をだす。子どもの名前を呼びながら追いかけるのもよい。

紹介園　河内からたち保育園（熊本）

まてまて！ こんなバージョンも

あそびかた

子ども2人が保育者の手の指をにぎり「まてまて！」とぐるぐるまわってあそぶ。途中の「ストップ」のかけ声で、まわる方向を逆にし、手も持ち変えてまわる。「ストップ」のたびに走る方向が変わるのが子どもたちはおもしろい。ただし、目のまわらない保育者しかできないあそび！

子どもは、保育者の手の指をにぎります

保育者はその場でまわる

スト〜ップ

手を持ち変えて逆方向にまわります

くるっ

くるっ

あかん！

グル

グル

目のまわらない保育者しかできないあそびです！

紹介園　しらゆり保育園（佐賀）

追いかけタンタン♪

あそびかた タンバリンを用意

①保育者はタンバリンを「シャカシャカ♪」鳴らし、子どもたちから逃げまわる。子どもたちは音の鳴るものが大好き！　保育者を力いっぱい追いかける。

② 追いついたら
タンバリンを
たたきます

あそびのくふう

逃げるときのタンバリンの音を変えたり、子どもがタンバリンをたたくときに「タンタン♪と2回たたいてね」とやり方を少し変えるだけで、より盛り上がる。

③保育者は再びタンバリンを「シャカシャカ♪」鳴らしながら逃げまわる。

▼▼▼▼▼
ポイントとして
保育者がタンバリンを鳴らし、「逃げろー」と走りまわると、子どもたちは自然と追いかけてくるので保育者もノリノリで楽しむことがやっぱり大切。

紹介園　河内からたち保育園（熊本）

22

この色なんだ

●準備するもの 違う色のカラーコーンいくつか

 あそびかた

①園庭に均等にカラーコーンを置く。
②子どもをカラーコーンを置いた中心に集める。
③保育者が色を言う。

赤

青

黄

緑

カラーコーンの置く場所は、
決まっていません

あか！

あか！

ぴょん

ガー
ガー

④子どもたちは保育者の言った
　色のカラーコーンに向かって
　走る。
　慣れたら、走るときに、うさ
　ぎの真似っこをしたり、好き
　な動物になりきって移動す
　る。

 あそびのくふう

最初は保育者も一緒に入って、保育者が先頭になって子どもたちを誘導し、慣れてきたら、子ど
もたちだけであそぶ。

紹介園　よいこのくに保育園（大分）

しっぽ取り

◉準備するもの

しっぽになるもの……縄跳び・ひも・
スズランテープなどあそぶ人数分
洗濯ばさみ

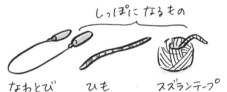

しっぽになるもの

なわとび　　ひも　　スズランテープ　　洗濯ばさみ

あそびかた

① ズボンなど、つけやすいところにしっぽを
　入れる。洗濯ばさみも利用して。

洗濯ばさみで
しっぽを
つけよう

② 「スタート」のかけ声で自由に走りまわり、
　自分のしっぽを取られないようにしながら、
　保育者や友だちのしっぽを取る。

スタート

わーっ

自分のしっぽを
取られないようにしながら
保育者や友だちのしっぽを
取る

③自分のしっぽを取られたら、おわり。

④大体の時間を決めておき、時間になったら合図する。保育者や友だちのしっぽを多く持っていた人の勝ち。

しっぽを取られたらおわり

しっぽを多く持っていた人の勝ち
やったあ

あそびのくふう

・最初は保育者がしっぽをつけて逃げながら、子どもたちにルールを理解しやすいようにする。

・しっぽは1本だけでなく、前やうしろにたくさんつけたり、子どもの手の届く高さにつけたりするのもおもしろい。

紹介園　遊々舎（大分）

COLUMN

「便利な」育児用品　②「前抱き抱っこひも」で異変⁉

　赤ちゃんを抱っこした時、からだが硬くて、あるいは反対に、ぐにゃっとしていて、抱っこしづらいといった声を保育者から聞くことがあります。赤ちゃんのからだの「異変」はどこからくるのでしょうか？

　近年「開発」著しい育児用品の使用もその要因の一つになっているのではないでしょうか。「前抱き抱っこひも」姿の親御さんをよく見かけます。「前抱き」は赤ちゃんの顔が見えて安心ではありますが、抱かれている赤ちゃんの様子はどうでしょうか？　赤ちゃんはしがみつかなくてもよいので、手足がだらりとしています。これでは、赤ちゃん自身の力は使われないままです。一方、昔から使われているおんぶひもはどうでしょう。抱っこひもと同様に、しがみつく必要はないかもしれません。しかし、抱っこひもでは赤ちゃんのからだが後傾になるのに対し、おんぶひもではからだは前傾になります。前傾の姿勢は、腕や内腿に力が入れやすいので、赤ちゃん自身がお母さんのからだにしがみつくことが可能になります。

　育児用品を選択する際、「便利さ」だけから選ぶのではなく、子どものからだの育ちにとってどうかという視点を忘れずにしたいものです。

なりきりあそび

あそびかた① 動物になりきって

・子どもたちが動物になりきってからだを動かしてあそぶ。
・保育者が「○○になろう！」と言うと、子どもたちはそれになりきって動きまわる。同じ動物でも子どもによっては様々な動きが出て、おもしろい展開になる。動物だけでなく、乗りものになったり、赤ちゃんハイハイしたりもあり。

ワニ
ガブ ガブ

ワニさん歩き

ライオン
ガオ〜

ひこうき
ブーン

ウサギ
ぴょん
ぴょん

クマさん歩き

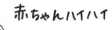
赤ちゃんハイハイ

あそびのくふう

幼児クラスがするときは、手押し車なども取り入れるといい。

紹介園　小羊保育園（熊本）

26

歌やピアノに合わせて、左右の体重移動や、ひざの屈伸をするあそび。0、1歳の時期にできる
ようになる動きをあそびに取り入れる。

①ブルルーン　ブルルーン
　　左右の体重を移動する

ブルルーン　　ブルルーン

②いち　にい　さん　しー　ごー
　　ひざの屈伸

いち　にい　さん　しー　ごー

③間奏のときは
　　飛行機になって飛びまわる

飛行機ブルルン

詞・曲　峯　陽

ブルルン　ブルルン　ぼくのひこうき　ブルルン　ブルルン　ルル　とびまわれ

紹介園　まつぼっくり保育園（福岡）

あそびかた③ 何になっていく？

絵本を読み聞かせしたあとや、季節の歌などうたったあと、「何になっていく？」と問いかける。子どもが答えたものになりきって移動する。

保育者 「何になっていく？」
子 「カエル」

カエルになってジャンプしながらトイレに行ったり、外に行ったり、おやつを食べに行ったりする。まずは、保育者がオーバーアクションすること!!

ワニ、ゴリラ、ウサギ、電車、車など、動物や乗り物だけでなく、野菜やくだものにも、子どもたちはなりきる！

紹介園　はつの・あそびの森こども園（熊本）

◎絵本『だるまさんシリーズ』を使って、だるまさんの愛らしい動きを真似っこしてあそぶ。
　保育者と一緒に言葉あそびをしながら、言葉のリズムのおもしろさを感じる。
　言葉のリズムにあわせてからだも動かし、動きのおもしろさを感じる。

あそびのくふう

子どもたちは真似っこが大好き！　いつでも
どこでもできるので、少しの時間があれば、
保育者と一緒に楽しめる。「だるまさん」を
動物にかえてもいい。

紹介園　ゆめっこ保育園（大分）

新聞紙あそび ア・ラ・カ・ル・ト

あそびかた

①新聞紙を丸めたものや、たてにちぎったものを準備して投げる。

②子どもたちがあそびに慣れてきたら、大きめの新聞紙も用意しておくと、思い思いにちぎったりしてあそぶ。

新聞紙を丸める

新聞紙をたてに
ちぎる

大きめの新聞紙で
思い思いにちぎったり

丸めて
投げたり

くるくる棒に、ちぎった新聞紙をテープで貼って、ほうきやリボンを作ってあそぶ。
カラーポリ袋にあそび終わった新聞紙を片付け、みたてあそびを楽しむ。

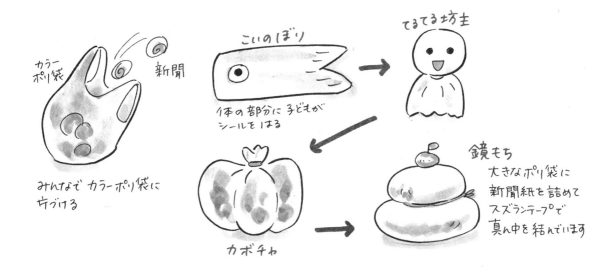

あそびのくふう

・思いっきりあそびを楽しめるように、新聞紙を十分に用意する。
・1年間の見通しをたて、事前にカラーポリ袋を必要に応じてカットしたり、パーツ（目・口など）
　のシールを準備する。

紹介園　よいこのくに保育園（大分）

布を使ってあそぶ

布あそび

あそびかた

布の大きさによって人数は調整する。布はシーツなど、大きめのほうがお勧め。

①保育室の中央に子どもたちが座る。保育者が子どもの頭上に布を広げて持つ。あるいは、保育室中央の床に布を広げて、布のまわりに子どもが立ち、布を持つ。

子どもたちで 布を 持つ

②保育者または子どもが布をつかんで上下にゆらす。ゆらすことで風が吹く。
　（ゆらしながら歌をうたう。）
　　わらべうた　「うえからしたから」
　　♪　うえからしたから　おおかぜこい　こいこいこい

上下にゆらす

あそびのくふう

・子どもが床に座る（寝てもよい）状態の場合、歌のあとに布で子どもたちを覆うと暗くなり、
　子どもたちはとても喜ぶ。
・子どもと一緒に布を持っている場合、布の上にボール（大小いずれでも）を乗せてゆらすと、ボー
　ルが跳ねるので大喜びする。

紹介園　よいこのくに保育園（大分）

そりあそび　布＆コメ袋で

あそびかた①　布を使って

①大きい布に子どもが座り、保育者が声をかけながら引っ張ってそりあそびをする。子どもは一生懸命に座った姿勢を保とうとする。

②布に2人で乗ったり、お人形を乗せて子どもが引っ張るのも楽しい。

紹介園　すみれ保育園（福岡）

あそびかた②　コメ袋を使って

①コメ袋そりは、強度を保つために、引き手は三つ編みの縄を使い、袋の口を何度も折り込みしっかりとガムテープで固定する。

カボチャ

34

②1人で乗ったり、何人かで乗って保育者が引っ張り、そりリレーをする。

③子どもたちは、大きな物を運ぶのに使ったりする。例えば大きなかぼちゃなど、そりに乗せて運ぶ。

④大きい子が小さい子を乗せて引っ張ったり、大きい子を何人かで引っ張ったりしてあそぶ。

三つ編みの縄

外で使う場合は滑る面をガムテープで補強しておくとよい

ガムテープで補強

ポイントとして

全身を使ってあそぶ。そりに乗っている子は、自分で縄やそりを持って支えないとバランスを崩してそりから外れてしまうので、体幹を知らず知らずのうちに使うことになる。

紹介園　いふくまち保育園（福岡）

COLUMN

「子どもの権利条約」ってなぁに？

　1989年国連で採択され、日本では1994年に発効しました。「地球規模の子どもたちの憲法」とも言われるこの条約は子どもの基本的人権を保障するために定められた条約です。子どもの権利は、大きく分けて4つあります。①「生きる権利」：すべての子どもの命が守られること。②「育つ権利」：もって生まれた能力を十分に伸ばして成長し、友だちとあそんだりできるよう、保育・教育、生活への支援などを受けること。③「守られる権利」：暴力などから守られること。④「参加する権利」：自由に意見を表すことなどができること。そして、子どもに関わるあらゆることは、「子どもの最善の利益」の視点で考える必要がある、という原則が示されています。この権利条約の精神を社会に根づかせていきたいですね。

ぶらんこゆれて

あそびかた

シーツやタオルケットのまんなかに子どもを寝かせ、保育者2人が布の両端をにぎり、歌に合わせてゆらす。

♪　ぶらんこゆれて　おそらがゆれる

　　ゆらゆらゆらりん　木の枝ゆれて

　　わたしも　ゆれる

　　ゆらゆらゆらりん　ゆらゆらゆらりん

作詞：都築　益世
作曲：芥川也寸志

シーツやタオルケット

紹介園　大光保育園（熊本）

帯を使うあそび

おび・おび・ぶらんこ

あそびかた

・保育室の天井の梁（木材）に、着物の男性用帯（博多帯15センチ幅）を１、２歳児の腰の高さに合わせてＵ字状に結び、ぶらんこを作る。帯の長さを子どもが座って両足が床に着くように調整することで、自分で座りながら歩いたり、蹴ったりすることで、徐々にぶらんこをこげるようになっていく。子どもたちに人気のあそび。
・慣れてくると帯をロープに替える。ロープは幅２センチほどで座るにはバランス感覚も必要になるが、うまく乗りこなし、立ちこぎもできるようになる。

男性用帯
（博多帯）
15cm幅

両足が
しっかり着く高さ

あそびのくふう

・帯の長さを子どもが座って両足が床に着く長さに合わせて結びなおしながら調節する。
・帯の幅が子どものお尻の幅にちょうどよく、１人で乗るのにピッタリ。
・仲間が引っ張ってゆらしたり、交替で引っ張ったりできるように、ぶらんこの帯に短いひもをつけると、仲間との関わりが広がる。

紹介園　いふくまち保育園（福岡）

手づくりおもちゃであそぼう！

あそびかた

① ふうせんマット

　ふうせんを圧縮袋に入れ、圧縮させ、マットにする。寝転んだり、跳びはねてあそぶ。

ふうせんマット

圧縮袋

② ペットボトルコロコロ

　ガチャポンのケースにビーズを入れたボールを、ペットボトルのトンネル上から転がしてあそぶ。

ペットボトルコロコロ

ガチャポンケースの中にビーズ

ペットボトルは透明テープと結束バンドで固定

ポン太くんであそぼう

ひもを通したり引っぱったり

ポン太くんの口の中に新聞紙ボールを入れたり

③ ポン太くんであそぼう（ひも通し、型入れあそび）

・ひもを引っ張ってあそんだり、ポン太くんの口の中に新聞紙ボールなどを入れてあそぶ。

・○△□の積み木を入れる。

チェーンあそび

④チェーンあそび
　パスタケースに、大小のチェーンを入れ
たり出したりしてあそぶ。

パスタケースの
中に入れたり
出したり

たいこ、ラッパ、鈴、マラカス

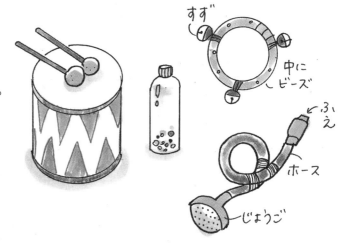

⑤たいこ、ラッパ、鈴、マラカス
　発表会に向けて楽器あそびを楽しむ。
音楽に合わせて楽器をならす。

すず

中に
ビーズ

ふえ

ホース

じょうご

新聞紙輪投げ

新聞紙で
作った丸い輪

⑥新聞紙輪投げ
　新聞紙で作った輪を、ペットボトルに投げる。

紹介園　保育園こころ（熊本）

ペットボトルのポットン落とし

◉準備するもの

お箸の切れ端

直径8〜9ミリ　長さ5cm

キャップは
しっかりしているもの

炭酸飲料の
ペットボトル（500mℓ）

◉作り方

ペットボトルの
キャップをはめて
ドリルで1cmくらいの
穴をあける

胴の部分に
マスキングテープを
2本巻く

あそびかた

保育者が箸の切れ端をつまんでペットボトルに落としてみせると、子どもたちは真似てあそぶ。

気をつけること！　子どもが箸を口に入れたり、そのまま移動しようとするときは、保育者がすぐ制止する。

あそびのくふう

箸の切れ端をうまくつまめない子には、保育者が1本ずつつまんで渡す。子どもは箸と指先に集中できて、自然とつまむ動作ができるようになる。
箸の切れ端がペットボトルにいっぱい入ったら、保育者がキャップをはずしてあげると、子どもはボトルを振って、中の箸を出す。入れるのも出すのもおもしろくて、何度も楽しむ。

つまんで
中に入れる

キャップを
はずして

中の箸を出す

紹介園　しらゆり保育園（佐賀）

40

たんけん たんけん なにがある／感覚あそび

あそびかた① たんけんたんけんなにがある

壁に丈夫なひもを張り、つかまり立ちの頃の子どもが興味をもつようなものを吊るす。

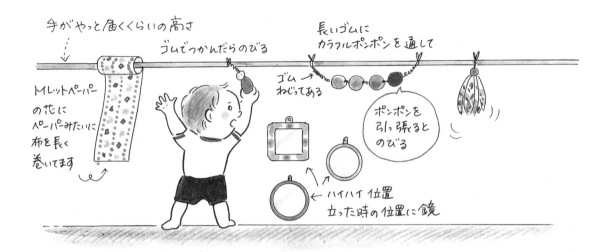

手がやっと届くくらいの高さ

ゴムでつかんだらのびる

長いゴムにカラフルポンポンを通して

トイレットペーパーの芯にペーパーみたいに布を長く巻いてます

ゴム→ねじってある

ポンポンを引っ張るとのびる

ハイハイ位置
立った時の位置に鏡

紹介園　美心幼愛園（熊本）

あそびかた② 感覚あそび

クッション材の手触りや音、動きを楽しむ。手や指だけでなく、足も動かして楽しむ。

紹介園　ふたばこども園（大分）

トンネルあそび

◉ トンネルの作りかた

①  1,000mlの
牛乳パックを使います

② これを5つ交互に入れ込みます

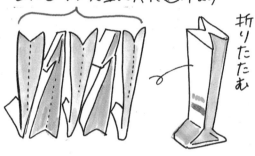

1つの牛乳パックを折りたたむ

③ 上から見るとこんなかんじです

強度を強く
するために
向きを交互に
入れ込みます

④

ガムテープでとめる

この形を組み合わせて
トンネルなどを作ります

⑤

この四角のトンネルを作るのに
牛乳パック 約60個 使用してます

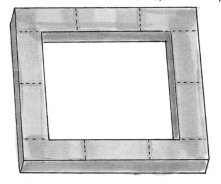

牛乳パックをつなぎ合わせるのは、
布ガムテープでしっかりつなぐ

・ ガムテープが見えないよう
　画用紙でおおう

・ 画用紙の上から
　幅広ビニールテープでおおう

・ 布を貼る時は.
　木工ボンドを使用
　角の切れ端は
　幅広ビニールテープで仕上げる

できあがり

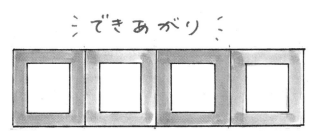

四角を4つ作る場合は約240個

この牛乳パックの作りかたは、本書48ページの「サーキットあそび」でも使えます。

①トンネルの輪の中をハイハイでくぐる。
②トンネルを持って伝い歩きをする。

蛇腹折りにするため、両側にガムテープをしっかり貼る

ガムテープ
ガムテープ

③トンネルを横にして電車ごっこやお部屋にみたててあそんだり、トンネルの端を平均台にして
歩く。またジャンプして進むあそびもできる。

ジャンプして進む
部屋にみたてて
あそんだり
平均台にしたり

④トンネルを積み重ねて、その中に隠れたり、
入ったりしてあそぶ。

中に入って
隠れたりして
あそぶ

子どもの安全を見守りながら、同じあそびに飽きてきたら、
人数など考慮してトンネルを変化させていく。

紹介園　遊々舎（大分）

牛乳パックを利用して

ベンチであそぼう！

あそびかた

0〜2歳児クラスの部屋に1〜6個ある「牛乳パックベンチ」（本書42ページの牛乳パック6個で作る。長さ90センチ前後）。

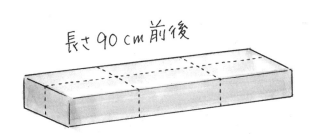

長さ90cm前後

牛乳パックを
2段重ねたもの

いくつかの「ベンチ」を並べる。くっつける・すきまをあける・ジグザグ・重ねるなどして、その上を子どもが歩いたり、跳びこえたり、登り降り、ケンケン片足歩き、うしろ向き歩きなど、からだ全体を使ってあそぶ。

落ちないように！
前を向いて歩く

つま先歩き

ジグザグに
並べて

ソロソロ
うしろ向き
歩き

間をあけて 並べて…

とびこしたり

とびのったり

30cmくらい
あけて

部屋に常設している「牛乳パックベンチ」。座ったり、仕切りとして使うだけでなく、雨天のとき
は、室内でからだあそびを保障することができる。

トンネルみたいに…
くぐる

階段状に
重ねて…

山みたいに…

忍者みたいに

ソ〜

立てて置いて

紹介園　杉の子保育園（福岡市）

サーキットあそび

●この「サーキットあそび」で使う牛乳パックの作り方は、本書42〜43ページを参照。

あそびかた

・牛乳パックで作ったサーキットの上を歩いたり、ハイハイをして渡る。
・子どもたちどうしが手をつなぎ、サーキットの上を渡る（危なっかしいときには子どもの手を取り、転ばないように注意する）。
・高さがある所を階段にみたて、登り降りをしたり、ジャンプする。

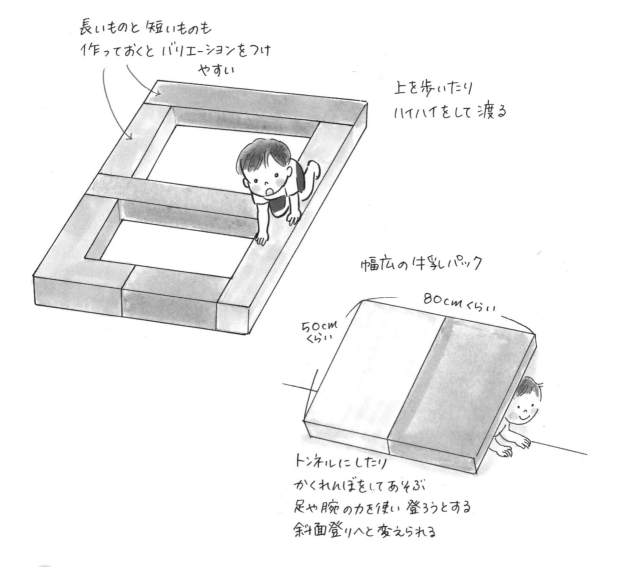

長いものと 短いものも
作っておくと バリエーションをつけ
やすい

上を歩いたり
ハイハイをして 渡る

幅広の牛乳パック

80cmくらい

50cm
くらい

トンネルにしたり
かくれんぼをしてあそぶ
足や腕の力を使い 登ろうとする
斜面登りへと変えられる

幅広のものを
すべり台のように置く
ころばぬよう　保育者が
側で付くようにする

大きさ.長さが違うものを
重ね 階段を作る

登り降りしたり
ジャンプしたり

あそびのくふう

・牛乳パックの幅を変えたり、いろんな長さを作っておくとあそびの幅が広がる。
・牛乳パックの中につぶした牛乳パックを5、6枚入れると強度が増す。
　サーキットは好きな形や長さに、調節できるので、すべり台やトンネルなどにしてもあそべる。

紹介園　遊々舎（大分）

コの字ベンチっておもしろい！

あそびかた

コの字ベンチは、牛乳パックで土台を作り、レジャーシートでくるんだカラフルなベンチ。車のようにまたがって乗ってあそんだり、押したり、組み合わせてテーブルとイスにして、ままごとあそびなども楽しめる。

コの字のベンチ

レジャーシートでくるむ

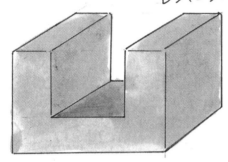

箱押しのように

車や汽車にみたてて
またがって 乗って あそびます

テーブルや イスとして

凹 凸 両方の向きで
つなげて 橋のように 渡ったり

ベッドみたいに
寝たりして あそびます

つなげて みんなで 乗ると
バス（汽車）にも なります

とび石のように
渡っても 楽しい ♪

あそびのくふう

つかまり立ちをはじめた0歳から5歳まで、多様にあそべる。各クラスにベンチは6、7個準備しているので、1人でも友だちとでもあそべるのが魅力。ベンチをつないで上を渡るあそびは、手づくりなので少しデコボコしており、バランス感覚が養える。

紹介園　杉の子保育園（福岡）

大型積み木で

◉牛乳パック積み木の作り方

牛乳パックを
蛇腹折りにつぶします

向きを交互に

つぶした牛乳パックを
向きを交互に変えながら

上部をガムテープで
とめます

空の牛乳パックに
詰め込んでいきます
（10コ以上 入ります
たくさん詰めた方が丈夫です）

色画用紙

カラーの布ガムテープ

木工用ボンド

大・小・長・短 4種ほど作る　　重さもあります

牛乳パックを色画用紙で包み込み
木工用ボンドで 接着、
さらに 布ガムテープで 角を補強します

あそびかた

運ぶ・並べる・渡る・またぐ・押す・乗るなど、イメージをふくらませて多様なあそびかたとからだの動きを楽しむことができる。片付けも持ち上げて運ぶので、全身を使う。

テーブルに

おふろ…

車に乗って

多様な あそびかたと
からだの動きを楽しむ

歩く

ハイハイ

イメージを刺激する
働く車の写真

ジャンプ

組み合わせに
よって スロープも
できる！

とびおりる

どんな 形にも 自由自在

押す

おかたづけ

ありがとう

片付ける 時も、持ち上げて 運ぶ
（全身を使う）

あそびのくふう

保育者が階段状や平均台のように並べてあそびに誘う。壁面に消防車などの写真を貼ると、イメージがふくらみ、消防車にみたてて乗ったりしてあそぶ。

紹介園　玄海風の子保育園（福岡）

ダンボールであそぼう！

あそびかた

・ダンボールを組み合わせて、まわりに布を貼る。
・丸くして、中に入ってお風呂ごっこ。広げて、その上を渡る。
・いろいろな形にして楽しめるように、ダンボールをたくさん組み合わせる。

ダンボールに布を貼ったもの

いろんな大きさを
たくさん用意する

おいで〜

はあ〜

おふろ
だよ〜

丸くして
お風呂ごっこ

広げて　渡ったり

てってってっ

紹介園　コスモスこども園（大分）

54

ダンボールとコンテナであそぶ

コンテナあそび

あそびかた

・プラスチック製のコンテナに物を入れて押す。
・コンテナに友だちが入って、引いてあそぶのも楽しい。

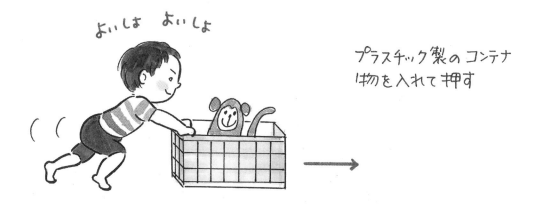

よいしょ　よいしょ

プラスチック製の コンテナ
物を入れて 押す

押すよりも
引くほうが
バランスを 保って
動くので 楽しい!

友だちが 中に 入って
引っ張る

がんばれ〜

紹介園　つばさ保育園（長崎）

コンテナつないで電車ごっこ

あそびかた

・押し箱をつなげて、先頭に運転手さんが座って電車ごっこをする。箱の高さを変えると変化が楽しめる。

・箱を数個つなげて押して前に進む。そのときに、箱の重さを変えるなど工夫する。また、障害物を置いて、よけて通るなどもおもしろい。

あそびのくふう

電車ごっこは、並べた箱を電車にみたててあそぶ。箱どうしが離れてバラバラにならないようコントロールしながら、つながったまま押すのもおもしろい。

紹介園　若竹保育園（福岡）／長崎県の保育園

マットあそび

あそびかた

跳び箱（2段）の上にマットをかぶせる。
マットの上をハイハイする。

ハイハイや歩いて登り、ジャンプ！

ジャンプ！

ハイハイや歩いて登り、滑り降り！
保育者と一緒に手をつないで、登ったり降りたりする。

滑り降り！

ひゃーっ

あそびのくふう

・保育者は子どもの前方で向かい合い、
　動くことが楽しめるようにする。
・年齢や子どもの発達に応じて、跳び箱
　の高さを変える。

紹介園　遊々舎（大分）

ずんぐりクッション

◎クッションの作りかた

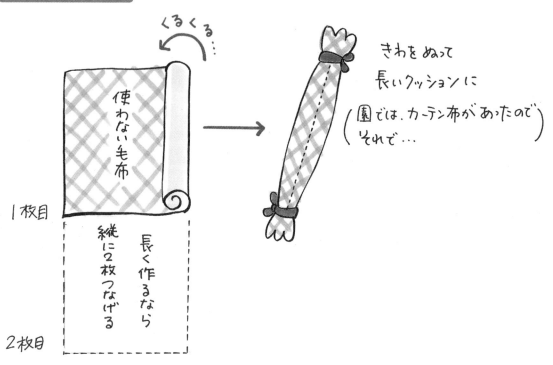

くるくる

使わない毛布

1枚目

2枚目

長く作るなら
縦に2枚つなげる

きわをぬって
長いクッションに
（園では、カーテン布があったので）
それで…

あそびかた

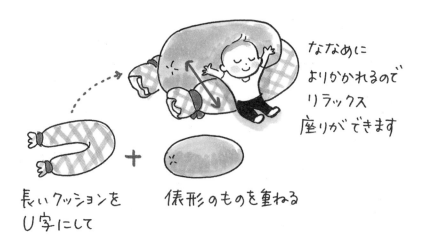

ななめに
よりかかれるので
リラックス
座りができます

長いクッションを
U字にして

＋

俵形のものを重ねる

お座りのころには

転倒防止に

ハイハイのころには

Uの字に曲げて 上に もうひとつ
のせて

上に マットを かぶせて
山登りに

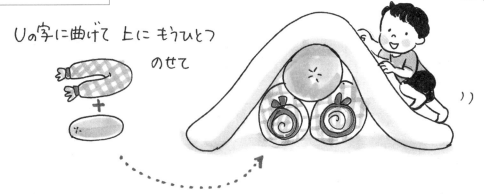

紹介園　美心幼愛園（熊本）

COLUMN

身体感覚や動きを育てる　わらべうたあそび

　乳児クラスを覗いてみれば、赤ちゃんに優しい声で語りかけるようにうたう「わらべうた」が聴こえてくるでしょう。わらべうたあそびは、歌やリズムに動作がついていて、身体の感覚を育てること、動きを育てることに大きな役割を果たしてくれます。

　実際にあそんでみると、揺れる、追視する、からだのいろいろな部分に触れてもらう、回る、歩くといった、からだを動かす活動が多いことに気づくでしょう。例えばわらべうたあそびの「このこどこのこ」では、横抱きでゆったりと大きく揺さぶられることにより、楽しいあそびの中で、脱力することの心地よさや、平衡感覚・空間認識力を養うことができます。おとなにスキンシップと一緒に歌いかけられ、くり返しあそんでもらうことは、乳児には安心で、とても心地よい体験です。

　わらべうたあそびは、道具がなくてもできるものが多く、いつでもどこでも行えます。おとなも一緒に触れ合うことを楽しみ、日常的にからだあそびを保障するとよいでしょう。

引っ越しごっこ

あそびかた

絵本『三びきのやぎのがらがらどん』のイメージで。
トロルに食べられないように、竹の棒にぶらさがってお引っ越しする。

竹の棒にぶらさがって

がんばれー

お父さんたちに
持ってもらったり

わーい

(例)トロルに食べられないように
子ヤギになって渡ります

紹介園　大島保育所（福岡）

60

マットあそび　あれこれ

ゆらゆら～トンネル

あそびかた

トンネルの中をハイハイしたり、ずり這いしたり……。
ちょっとゆれるから難しいけどおもしろい。
子どもたちだけでからだを横にゆらして動かす。
ゴロ～ンと寝そべると、気持ちいい～！！

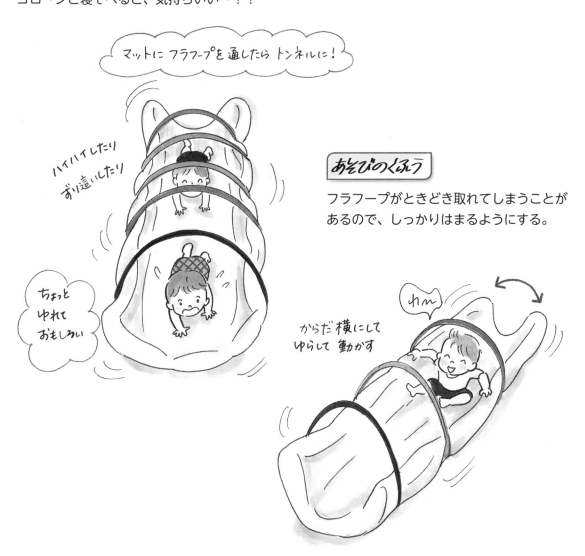

マットにフラフープを通したらトンネルに！

ハイハイしたり
ずり這いしたり

ちょっと
ゆれて
おもしろい

あそびのくふう

フラフープがときどき取れてしまうことが
あるので、しっかりはまるようにする。

れ～

からだ横にして
ゆらして動かす

紹介園　林檎の木保育園（佐賀）

斜面・築山のぼり

あそびかた①

園庭で築山やすべり台の斜面板に手をついて這って登る。

すべり台の斜面板に
手をついて
這って登る

あそびのくふう

足の親指をしっかりと立てて
登るよう援助する。

紹介園　コスモスこども園（大分）

築山をハイハイや歩行で登り、てっぺんにある支柱で「いないいないばあ」をする。降りるときも腹這いや、すべり台のようにお尻ですべる。丸太にまたがったり、ボールの上に座ってバランスをとる。

支柱まで登ったら...
いない いない ばあっ のあそび！
ばあ！
降りるときは、すべり台のように お尻ですべる
ハイハイや 歩行で 登る

丸太にまたがり バランスとって 座る

ボールの上に バランスボールのように 座る

紹介園　はつの・あそびの森こども園（熊本）

斜面のぼり

のぼったり おりたり すべったり

あそびかた

保育室の柵にハイハイ台の板を立てかけてあそぶ。ハイハイで登り降りしたり、すべり降りたりする。また柵の向こう側においてある台に渡って降りる。

長方形の台
ここに渡って
降りる

ハイハイ台の板
2枚

紹介園　やまなみこども園（熊本）

土手のぼり、すべり

あそびかた

散歩の途中にある土手（芝が生えている）を登り降りする。

土手の幅（登る高さ）が、長いところから短いところまであり、0歳児は短いところを選んで登り、だんだん長いところに挑戦するようになる。

おーい

短い

だんだん斜面が長くなる

紹介園　やまなみこども園（熊本）

ハイハイでのぼったりおりたり

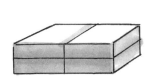

あそびかた

板を巧技台に2枚かけて登ったり降りたりできるようにする。ハイハイで登り降りをくり返してあそぶが、最初は高さも低めに設定し、子どもたちの腕と足の蹴る力がついてくると少しずつ高くしていく。

巧技台を並べて
板を2枚かける
最初は低めに設定し
少しずつ高くする

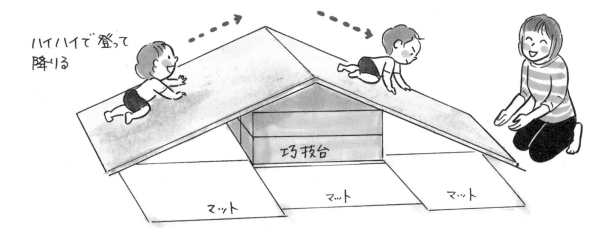

ハイハイで登って
降りる

巧技台

マット　マット　マット

歩行が安定してきた子どもは、歩いて登って、ゆっくりゆっくり歩いて降りていく。また登るのも、板の途中から腕の力だけでよじ登るなど、あそぶ姿にも変化がでてくる。

歩行が安定したら　歩いて登り

ゆっくり　ゆっくり　歩いて　降りる

板の途中から
腕の力だけで
よじ登る

あそびのくふう

転倒したときのために、下にマットなど敷いて安全面に配慮する。

紹介園　むぎっこ保育園（鹿児島）

テーブル・ハイハイ板＆マット

あそびかた

①テーブルやハイハイ板を使った斜面登り降り

　乳児期、あまりハイハイすることもなく、歩いたという子は、転びやすかったり、しゃがむなどの姿勢をとることができない子が多い。保育者や友だちが斜面の上から　♪きんきんきれいな秋の空〜♪　とうたって呼ぶと、「オーイ！」と返して"ジブンモ！"と登ってくる。
　月齢や子どもの経験（保育歴）などを考慮して、設定の高さや広さを調整し、いろんな組み合わせをつくってあそぶ。

②でこぼこ道

　座卓、箱イスの上に長マット、マットを掛けて凹凸をつくり、そこをよじ登ったりハイハイしたり、腹這いで降りたり転がったりしてあそぶ。
　動きが不安定な子どもでも、マットがクッションになり、安心感もあり、子どもどうしじゃれ合ったり、保育者がそこで足に乗せてでんぐり返ししたりすると、「ヤッテ　ヤッテ」と集まってくる。

③馬はとしとし

ジュニア布団を丸めてひもで結んだ上に、カバーをつけ長いクッションにする。それにまたがるのがおもしろく、1人が来ると2人、3人と集まって座ったりまたがったりして、馬にみたてたり、「ブッブー」「ポッポー」といろんな乗り物にみたててあそぶ。

ジュニア布団を丸めて
ひもで結ぶ

カバーをつけて
長いクッションに

おうま!

④つながりテーブル

つながったテーブルの下を「ワニ」と腹這いでつながって通り抜けていく。また、つながったテーブルの上を　♪ドンドンばし　わたれ　さーわたれ～♪　とうたうと、次々に渡っていくのを楽しむ。

四ツ這いで

ワニのハイハイで

座卓

下をくぐって這う

あそびのくふう

園内のテーブルやマットを使って設定に変化をもたせ、"やってみたい"と思えるようにする。
年齢によって高さや動きも変える。

紹介園　こばと保育園（福岡）

デコボコパーク

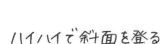 **あそびかた**

バランスのとり方を変える

不安定な場所にくると立って歩くのをやめ、手とひざを使って安定した姿勢（ハイハイ）で前に進む。

手で容器をすべらせる

ハイハイで斜面を登る

容器を戸板にすべらせるために、腕を伸ばし、適度な高さ（角度）で手を離し、容器をすべらせる。

全身の力とバランスを使い、ハイハイで斜面を登る。

ひざの屈伸＋全身のバランスを使って山登り

信頼のおける保育者と
安心感のなかで全身を使ってすべり台

ひゃ～

からだを伸ばし全身を使う
指の力だけで自分を支える

あそびのくふう

戸板やマットで個々の成長に合わせて多様にあそべる。
子どもたちの安全も考慮しながら少しずつ挑戦できる
よう場づくりをする。

紹介園　ふたばこども園（大分）

マットですべり台

あそびかた

・0歳〜1歳児がベッドやマットを使ってあそぶ。

・園のホールであそぶ場合は、ステージとの段差30センチを利用して、すべり台のようにすべってあそぶ。両手をしっかり広げ、足を使って上まで登っていく。

乳児室のベッドを使って

あそびのくふう

乳児室のベッドを使ったあそび。年度始めは月齢が低いのでベッドを利用していたが、月齢が上がるとともにベッドが不要になるので、それを利用してからだを動かしてあそぶ。

紹介園　南方保育園（宮崎）

遊具をつなげてサーキット

あそびかた

・低い平均台やフープ、肋木などとつなげてサーキットを作り、渡ったりジャンプしたり、くぐったりするあそびを楽しむ。

・サーキットを渡ってあそぶだけでなく、「○○に行こう！」などと目的地のイメージをもって渡るのもおもしろい。

あそびのくふう

平均台やフープなど、角度を変えたりするといい。

紹介園　若竹保育園（福岡）

ロフトであそぼう！

 **あそびかた**

3段目、チャレンジするが
登れない子も多い
手(腕)・足の力が必要
登れても 降りるのに
苦戦する子もいる

透明になっている
ので、外が見える
いないいないばぁをして
あそんだりもする

2段目、足を
一生懸命あげて
よじ登ろうとする

低い姿勢になり
かくれ家のようにして
あそんでいる

下にもぐることができて、
登れない子も
下でもぐって
あそぶことができる

1段目、
ハイハイの子も
手・足の力で登れる

あそびのくふう

登ってみたくなるよう、季節の製作物を飾ったりする。例えば夏は畑で育てたトマトを製作して貼ったり、秋はぶどうを作って貼ったりする。

紹介園　さくらんぼ保育園（熊本）

幼児のからだあそび

1. 子どものからだが気になる

　すぐに「疲れた」という言葉が子どもから出ていませんか。転びやすい。転んでも手が出ずに顔や頭をぶつけて大ケガをする。姿勢が悪く背筋がぐにゃりと曲がっていて、立ったり、座り続けたりすることが難しい。だから寝転んであそぶ。緊張が抜けずにからだが常にこわばっている。からだに左右差があり、両足が均等な力で地面を蹴ることができないため、まっすぐに走れない。このような気になる子どもの姿が見られます。

2. からだあそびの必要性

　子どもの「気になる」姿には、家庭や地域における生育環境の変化が大きく関係しています。あそび環境に絞ってみても次のような変化を取り出すことができます。一つには、からだを動かしてたっぷりあそべるような身近な自然環境が減っています。二つには、地域に公園は造られているものの、平坦で狭かったり、木登りやボールあそび禁止などあそびの制限があったり、動きのある回転ジャングルジムやシーソーなどが危険遊具として撤去されたりしています。三つには、塾や習い事の増加、あるいは交通量や犯罪の増加のため、子どもが自由に戸外に出てあそぶ機会が減りました。そのため、地域での仲間とのあそびが減少し、あそびの伝承も損なわれています。四つには、携帯型ゲーム機やスマホの普及により、メディアとの接触が低年齢化

しています。公園に行ってもからだを動かさずに座ってゲームをするといった光景が当たり前になってしまっています。メディアに触れ続けることは、自律神経系[1]の働きが悪くなり、それに伴って生活リズムが乱れ、様々な活動における意欲の低下を招くことにもなります。

　このように、子どもの育つ環境が変化した現代では、子どもがからだを動かすことを保障するために、保育施設において保育者による意図的なからだあそびの提供が必要不可欠になっているのです。

　乳幼児期にからだを動かしてあそぶことは、未熟な心臓の働きを助けて血の巡りをよくし、体幹を育て、姿勢をよくし、ひいては大脳の働きを活性化することにもつながります。また、神経系の発達が特に著しい乳幼児期は、多様なからだの動きを身につけるのにふさわしい時期です。この時期につくられたからだは、その後のからだの土台となるのです。

3. 鬼ごっこで育つもの

　からだづくりや運動能力を高めるために、プール教室や体操教室の利用の他、外部講師を招いた体操教室に取り組む園も増えているようです。しかし、そういった「専門的」な運動指導を受けなければ子どものからだは育たないのでしょうか。

　みなさんの園では日ごろ鬼ごっこを楽しんでいますか。鬼ごっこでは子どもはたくさん

走ります。走ることは足の力だけでなく、腕の振り、腰のひねり、膝の曲げ伸ばし、かかとからつま先にかけての連動性や足指の力など全身を協応させる運動です。さらに、鬼ごっこはただ走るだけではありません。急ブレーキをかけたり、ダッシュしたり、物や人を避けたり、鬼からのタッチをかわしたりします。すなわち、目で見て耳で聞いて周囲の状況を把握しながら身のこなしを調整するなど多様なからだの使い方が経験できるのです。

また、鬼ごっこには仲間の存在が欠かせません。逃げきれた喜びやタッチされた悔しさを共有したり、転んだ友だちを慰めたりします。泣いていた子どもも気持ちを切り替えてまたあそびだしたりします。ケンカやトラブルもつきものです。子どもたちはいろいろな感情を経験し、社会性を身につけていきます。なによりも、人と関わる楽しさを全身で感じることができるのが鬼ごっこです。このように鬼ごっこには、子どものからだとこころを育てる要素がたくさん詰まっています。

「専門的」な指導を受けなくても、鬼ごっこをはじめ、日常的なからだあそびの中で子どもたちは多様なからだの使い方を経験することができるのです。そのうえ、あそびではルールや動き方も決められた通りではなく、子どもたちが話し合って変えながらおもしろくしていける自由があります。しかも何度もくり返し、仲間と楽しみながら夢中になってあそび込めるのも魅力の一つです。夢中になってあそぶからこそ子どもたちは知らず知らずに思い切りからだを動かし、難しいことに挑戦してみようともします。また、友だちとも本気でぶつかりあい、それでも乗り越えていこ

うとするのです。何度もくり返せて夢中になれる日常的なからだあそびこそ、幼児期に大切にしたい経験だといえます。

4. ワクワクドキドキ　からだあそび
①からだを使うあそび

からだあそびはとにかく「からだ」さえあれば、室内・室外問わずにいろんなあそびが展開でき、ちょっとしたアイデアで単純な動きがワクワクドキドキするあそびになります。

ゆるやかな斜面を登ったり、走って下ったり、いろんなジャンプのし方を考えてあそんだり、「歩く、走る、跳ぶ」といった「基本的な動き」（「はじめに」p.5参照）を伴うあそびはどの子どもも取り組みやすいものです。とはいえ、からだを動かすことに苦手意識がある子どもに対する配慮が必要です。「渡る」という動きを例にすると、いきなり平均台の上を歩くとなると、身構え、委縮してしまう子どもがでてきます。地面に置いた2本の縄の間（狭い道）からはみ出さないように歩く、縄の一本橋の上を落ちないように歩く、園庭のちょっとした段差の上を歩くなど、様々な歩き方を経験した後に平均台を渡るという動きにつなげていきます。このようにして、からだを動かすことへの自信と楽しむ経験を積み重ねていくことが大切です。

②自然あそび

虫を追って走る、つかまえる、そっとつまむ、土、水、泥などの感触を全身で楽しむ、泥だんごを一日中作るなど、身の回りの自然には子どもたちを夢中にさせてくれるものがあふれています。

散歩の途中、木や崖、山の斜面などを見つ

けると登りたいと思う子どもが必ずいます。「やってみようか」と声をかけると子どもたちから歓声があがります。木登りを例にとると、ただやみくもに登ろうとするのではうまくいきません。登れそうな木を探し、どこに手をかけ、足をかけたら登れるか考える必要があります。降りる時も同様です。今までの経験を活かして手が伸ばせる、足が届く、これくらいなら大丈夫と考えながら、全身を協応させることになります。

川あそびや海あそびは、地上とは違うダイナミックな動きと浮力（脱力）を楽しめることが一番の魅力です。例えば、からだを水にゆだねて後ろ向きに倒れこんだり、水の流れに身を任せぷかぷか浮かんだりすることを楽しみます。自然あそびは、体験の少ない子どもにとっては不安感や怖さもあることでしょう。そのため少しずつ慣れていけるような配慮は必要ですが、五感を刺激し、いろいろなからだあそびを生み出す自然との関わりを大切にしていきたいものです。

③道具を使うあそび

道具を使うあそびには大きく分けて、「道具を操作するあそび」と「道具を利用してからだを操作するあそび」とがあります。

「道具を操作するあそび」には、ボール、縄、竹馬、こまなどがあり、それらを操作してあそびます。操作した道具がイメージ通りに動いたり、思いがけない動きをしたりすることがこれらのあそびのおもしろさといえるでしょう。竹馬は不安定さを制御しながら歩を進めることが喜びとなります。手と足の協応や、つま先立ちのように前に重心をかける感覚も養ってくれます。ボールを転がしたり、

縄を回したり、こまにひもを巻くことは手首や手指の柔軟な操作性を高めてくれます。また、ボール投げでは手だけでなく、足の踏み込み、腰のひねり、反対側の手や肩の動きなど全身の協応性を高めてくれます。

「道具を利用してからだを操作するあそび」は巧技台、鉄棒、マット、跳び箱、平均台、戸板など、いわゆる「大型遊具」を使うことで平地とは違う身体操作ができるあそびです。バランスを取りながら移動する、回転する、逆さになる、よじ登る、飛び降りる、ぶら下がるなど、日常生活では経験できないからだの使い方をするあそびが展開されます。また、道具の使い方は一通りでなく様々な使い方ができるとともに、道具を組み合わせることで新たな動きづくりが楽しめます。

④ルールのあるあそび

幼児期になると友だちと一緒にあそびたいという思いや競争意識が芽生えてくることで、集団でのルールのあるあそびへの興味が高まります。ルールがわかるようになるためには、言葉でイメージすることができ、「タッチされたら鬼になる」など因果関係がわかるようになることも必要です。

ルールのあるあそびの一つである「だるまさんがころんだ」を取り上げてみましょう。このあそびのおもしろさは、友だちよりも先に鬼に近づきタッチしようと素早く前に進もうとしたり、鬼が振り向くと同時に静止する時のドキドキ感です。慣れてくると、子どもはわざと変なポーズやバランスのとりにくいポーズで止まることも楽しむようになります。唱え言葉や鬼の動きに合わせて速度を変えながら移動したり止まったりすることで、外部

からの刺激をとらえてからだの動きを調整する力が養われますし、かかしの真似をするなどいろいろなポーズをとることで多様な身体操作やバランス感覚を向上させます。

ところで、ストップの掛け声で止まることや、決められた歩数を鬼が移動するなどのルールは3歳には難しいですが、発達に応じてルールを変えれば楽しめます。例えば①見つからないように進むのは同じ。②目指すのは鬼ではなく、鬼の横に敷いたマットの上。③見つかった子もマットに乗り、みんなが乗ったらもう一回初めからする。このようなルールにすると3歳もわかりやすく楽しめます。

また、ルールのあるあそびは、いすとりゲームなど勝敗を伴うものが多くあり、そのことが楽しさをつくりだすわけですが、他方で悔しさの原因にもなります。「悔しい、でも…」と子どもが葛藤しながら気持ちに折り合いをつけていくことは大切な経験です。一時的にあそびから離れていったとしても、仲間とのあそびの楽しさをたくさん蓄えてきた子どもは必ず葛藤を乗り越えて戻ってくるはずです。子どもを信頼して待ちたいものです。

⑤あそび方を発展させていくあそび

子どもたちはあそび方を次々に発展させていくことができるあそびに夢中になります。走り縄が好きなある5歳の子どもが後ろ回しの走り縄を考えつきました。するとそれが他の子どもたちの中に広がり、スキップしながらの走り縄や横ギャロップとツーステップとを組み合わせた走り縄へと発展していきました。そこで好きな時間にあそべるように空間を確保すると、後ろ向き走りやあや跳びという要素までくわわった縄あそびが創造されて

いったのです。こうした子どもたちの姿からも明らかなように、あそびには仲間と時間と空間という三つの「間」が大切なのです。

5．からだあそびにおける保育者の役割

「安全」と「ケガ」という言葉はからだあそびに取り組もうとする時、必ず念頭に浮かぶものです。からだあそびで挑戦や失敗をするなかで小さなケガもするでしょうが、そうした経験を通して身体感覚が養われ、安全な身のこなし方が身につきます。そうすれば大きなケガを防ぐことにつながります。このとき注意すべきは、発達を飛び越したあそびになっていないかという視点です。例えば、跳び箱を跳ぶためには、その前段階で腕でからだを支える感覚を身につけていることが必要です。そのあそびにはどんな力が必要なのか、その力は子どもに育っているのかなどと発達をみきわめることが保育者には求められます。したがって、「動物あるき」などのあそびを通して腕支持の感覚づくりをするなど、子どもの持っている力に応じて、段階的にからだ使いを経験させていくことも大事にしたいところです。そして何より大切なのは、子どもたちに、からだを動かすことを楽しむこころを育むことです。そのためには仲間や身近なおとなと楽しさを共感しあいながらあそぶことが一番です。日常的なからだあそびを子どもたちと一緒に楽しむ中で子どもの健やかなからだとこころを育てること、これが保育者の仕事といえましょう。

註
1）脳からの直接の命令を受けずに心臓、内臓、血管などの生命活動を自動的に調整する神経。

跳んだりはねたり

ジャンピングロード

あそびかた

音楽に合わせてジャンプを楽しむ。大喜びしながら力いっぱいジャンプ！

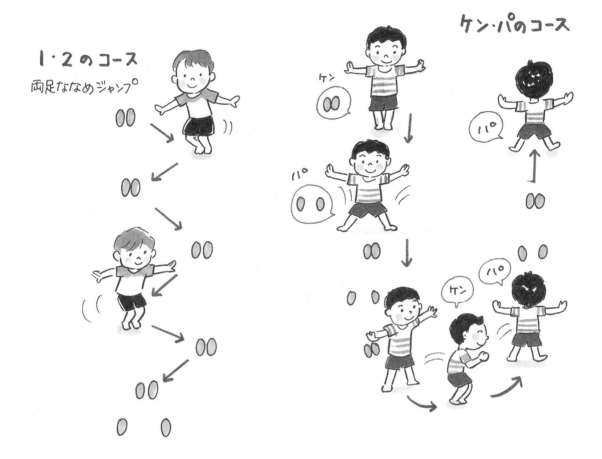

あそびのくふう

「あそこまでいけるかな？」とワクワクドキドキしながらチャレンジしたくなるくらいのジャンプの間隔にし、前に進むだけでなく、斜めの動きも入れ、からだの柔軟性を高める。

紹介園　コスモスこども園（大分）

線路はつづくよ〜

🐤 **あそびかた**

室内にテープを貼る。いろんな形にして、その線の上を子どもたちが歩いたり、走ったりする。

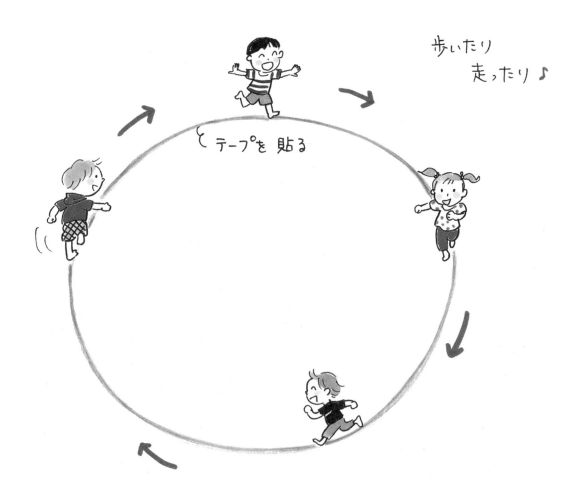

歩いたり
走ったり♪

テープを 貼る

いろいろな形にして

 あそびのくふう

テープの色を変えたり、形を変えたりして子どもたちが
飽きないようにする。
保育者の合図で反対向きに歩いたり、走ったりするのも
楽しい。

紹介園　コスモスこども園（大分）

ジャンプ大会

あそびかた

① 「よーいドン！」のかけ声とともにいっせいにジャンプし、一番早くジャンプした子の勝ち。
　まずは立った状態から「よーいドン！」でいっせいにジャンプする。

立った状態から

よ〜い

ドン！

ジャンプ

②次に、体育座りや正座など座った状態からジャンプを始めたり、仰向けやうつ伏せなど寝そべっ
た状態から始めたり、とスタートのポーズを変える。

スタートの
ポーズを変える

体育座りや正座

よ〜い

ドン

仰向け、うつ伏せなど

あそびのくふう

・短時間でもできるので、手あそびのような感覚であそべる。
・慣れたらジャンプではなく、木のポーズや鳥のポーズなどゴールとなるポーズを保育者が変更
し、そのポーズに一番早くなれた子が勝者になる。

よ〜い

とり　のポーズで

紹介園　保育園こころ（熊本）

エンドレスリレー

あそびかた

勝敗を競うものではなく、「つなぐこと」自体を楽しむあそび。チームの人数が違ったり、途中からの出入りもOK。

手と手でタッチしたら
次の人が走り出す
というのを
エンドレスに続ける

タッチ

ガンバレー

三角コーン

紹介園　長崎県の保育園

築山のぼり

あそびかた①

・園庭の築山を手足をしっかり使って登る。登りにくい子がいれば、お尻や足を押さえてあげ、補助する。

・頂上まで登り、すべり台のようにすべり降りていく。年齢が高い子はお尻をつけずに、そのままかけ降りたりする。

お尻をつかずにそのまま降りる

手足をしっかり使って登っていく

すべり台のように降りる

登りにくい子はお尻や足を押さえて補助します

紹介園　つばさ保育園（長崎）

あそびかた②

斜面をダンボールですべり降りて楽しむ。

斜面をダンボールですべり降ります

キャーッ

紹介園　大島保育所（福岡）

築山であそぼう！

築山からウオータースライダー

あそびかた①　ホースを使って

築山の上からブルーシートを掛ける。
頂上から水をホースで流しておく。
すべり台のようにすべって楽しむ。

いくよ〜

ひゃー

あそびのくふう

腹這いになり、足からすべったり、頭からすべるなど、いろいろ工夫してあそぶ。保育者は、ケガにつながらないよう、見守る。

紹介園　つばさ保育園（長崎）

あそびかた② バケツに水をくんでシートで

シートに乗ってスピードをつけてすべる。
すべるタイミングにあわせて、バケツの水をまく。
ダイナミックに水しぶきがあがるのがおもしろい。

紹介園　乙房こども園（宮崎）

COLUMN

「子どもの権利条約」第12条：子どもの意見表明権

　乳幼児に意見表明権？　と疑問に思う人も多いのではないでしょうか。これは言語表現に限らず、その子なりの思いを表出・表現する権利で、子どもが生活の主人公であるために欠かすことができないものです。乳幼児が持っている思いを「読み取ってもらう権利」と言い換えることができます。それはまさしく「受容的、応答的、関係的な権利」といえます。幼い子どもは泣いたり笑ったり、また指さしで発見を伝えたり「モッカイ」という片言であそびを要求したりして、思いを発信します。保育者はその表情やしぐさ、片言から思いをくみとり、ていねいに応えていきたいものです。

なんだ坂　こんな坂

あそびかた

・戸外の斜面（公園や山の土手の坂など）を走って登り降りし、手を使わずしっかりバランスを
　とりながらあそぶ。下りは、「3、2、1、ゼロ　発車！」のかけ声に合わせ「わあ〜！」と言
　いながら勢いよく降りていく。

・年中・年長児は坂の上に1列に並んで、みんなでいっせいにカウントダウンし、勢いよく走り
　降りたり、走って登ったり、競い合うと盛り上がる。

・坂の下から登ってくるときには、みんなで「なんだ坂　こんな坂♪」とくり返し、調子をつけながら登って行く。
・未満児はゆっくりしたリズムで「なんだ坂　こんな坂♪」と言いながら、手を使い、四つ這いで登り降りを楽しむ。はじめは転ぶが、全身を使ったあそびで体幹が鍛えられていき、徐々に力強く登り降りができるようになる。
・室内の場合は斜面板登りで楽しむ。年齢に合わせて板の幅を変えてもよい。

室内の場合

なんだ坂♪　こんな坂♪

年齢に合わせて　板の幅は　変えてもよい

あそびのくふう

保育者がわざと転んで見せたりすると、おもしろがって「自分は転ばないぞ」と、張り切って挑戦する。

紹介園　共同保育所ひまわり園（鹿児島）

斜面あそび

あそびかた① 斜面で助け鬼

斜面の上や下に鬼の陣地をつくる。鬼につかまったら陣地に入る。味方にタッチしてもらうと逃げることができる。慣れたら、逃げる範囲を広くしたり、鬼の数を減らしたりする。

たすけて～

まて～

斜面の上を陣地にしたり
下を陣地にしたりする

斜面で『カメ』『トンボ』『かかし』などのリズムあそびをする。
リズムのカメをしている子の上にまたがったり、斜面での片足立ちの難しさがおもしろい。横一列になっていっせいにすべると楽しい。

『カメ』をすると自然に斜面をすべっていく

カメをしている子にまたがる

『トンボ』

片足立ちが難しい

おっとっと

紹介園　ころころ保育園（佐賀）

そと そと ホイッ！

あそびかた

散歩先の溝で足をまたいであそぶ。

わらべうた「なか なか ホイッ！」のリズムに合わせて、「そと そと ホイッ！」とうたいながら動く。

「そと」のときは、足をパーにしてジャンプ
「ホイッ！」でジャンプし、パチンして足を
閉じる。

そと → 足でパー そと → 足でパー
ホイッ→ 足でグーして、すぐにパー

あそびのくふう

はじめは平地で練習して、
溝へと挑戦させる。

スタート

そと

ピョンッ

溝

くり返し

そと

ピョンッ

ホイッ

パチンッ

紹介園 ころころ保育園（佐賀）

一本橋渡れ

あそびかた

一人ひとりのペースで無事に渡りきるように。安全を見守ること。

農道あたりで一本橋に
なっているところを渡ります

ガンバレ〜

紹介園　やまなみこども園（熊本）

河原で忍者修行

あそびかた

・河原の秘密基地で、忍者になりきり修行をする。会話は「〜でござる」で雰囲気をだす。

・岩跳びの術―岩の上だけを進む。下に落ちたら奈落の底なので、落ちないようにする。不規則な足場で、バランスをとりながら進む。岩場はたくさんあるので、自分で進む道を決める。

・1人で進めないときには手をつないで助け合ったり、足場が離れているときには、別の石を運んで足場を作っていきながら進んで行く。

岩跳びの術
バランスを保ったり
自分で道を決めながら
進む

あそびのくふう

ただ歩くだけではなく、カラスが鳴いたら、カラス天狗の話をしてみたり、時には太陽に見つからないように木の影の上だけ歩いて前進する。雨が少し降っているときは、雨にあたらないように進むなど、そのときそのときの状況で、あそびをふくらませる。

友だちと 協力しながら
進む

手を出して

次の岩が遠い時には
自分で 道を作る

えっと…

石を
運んでくる

カー カー

ござる口調で 話す

あれは
カラス天狗が
偵察に来たで
ござる

見つからない
ように 進むで
ござるよ

紹介園　北合志保育園（熊本）

お散歩でかくれんぼ

🕊 **あそびかた**　乳児も対象に

・自由に4グループに分かれ、1グループが見つけるグループ、3グループがかくれるグループになり、広い場所でかくれんぼあそびをする。

・保育者の打ち合わせなしで開始。保育者も本気なのでなかなか見つけにくく、広い場所を歩きまわることになり盛り上がる。

1グループ　見つけるグループ

3グループ　かくれるグループ

それぞれ担任が1人つく

保育者も打ち合わせなしの本気でかくれんぼ

しーっ

ねー　ねー　あそこは

なかなか見つけにくく
歩きまわる

紹介園　さくらんぼ保育園（熊本）

棒についてどこまでも

🐦 **あそびかた** 乳児も対象に

・杖にもなる木の棒（大きめのを1本）を持って片道2～3キロの散歩に出発。

・途中，分かれ道が出てきたら棒を立て、倒れた方向に進む。このとき、倒したい人が棒倒しを
してもよいし、順番を決めて分かれ道ごとに倒してもいい。

・どちらに倒れるか、行き先はどこか、目的地があればそこまでたどり着くか、園に戻れるか。
ハラハラドキドキ。

あそびのくふう

行き先がわからない不安感を感じさせないように、次はどんな道が待っているのかなどワクワクして楽しめるよう言葉かけをする。

紹介園　黒肥地保育園（熊本）

折り紙でからだあそび

あそびかた① いろんな種類の紙飛行機

紙飛行機の折り方を工夫して、遠くへ飛ばしたり、滞空時間を長くしたり、友だちと競い合ったりと、いろんな楽しみかたができる。

折り方を工夫して
いろんな 種類を作りました

えっとね こうやって

紙飛行機の折りかた（いろんな折りかたがあります）

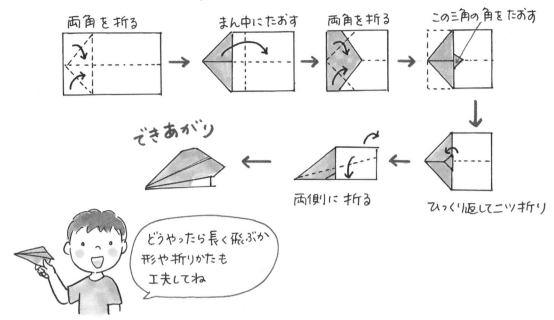

両角を折る → まん中にたおす → 両角を折る → この三角の角をたおす

↓

ひっくり返して二ツ折り

↓

両側に折る → できあがり

どうやったら長く飛ぶか
形や折りかたも
工夫してね

紙鉄砲の折りかた

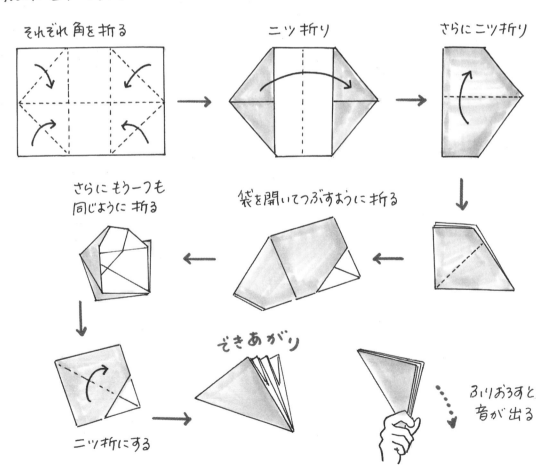

それぞれ角を折る → 二ツ折り → さらに二ツ折り

↓

さらにもう一つも
同じように折る ← 袋を開いてつぶすように折る ←

↓

二ツ折にする → できあがり → ふりおろすと
音が出る

あそびかた② 紙鉄砲で全身を使って音を鳴らす

からだを上手に使い、手の動きや角度など試行錯誤しながら、良い音を出そうとチャレンジする。

紙鉄砲

こうして

こうして

大きなサイズの紙（新聞紙など）で
作ると でき上がりが大きく、
子どもにとって 扱いやすくなる

やった！

パーン

あそびのくふう

・紙飛行機をうまく飛ばせないときは、音を鳴らすことを楽しむ紙鉄砲などの異なるあそびの体
　験から、からだの使い方を学べるようにする。
・紙鉄砲は、大きいサイズの紙（新聞紙など）を使用して、できあがりの大きさが子どもにとっ
　て扱いやすいように配慮する。

紹介園　みつよし園（大分）

作ってあそぼう！

ダンボールあそび

あそびかた①

◎ダンボールのトンネルくぐり
　友だちとつながってトンネルをくぐる。前かがみに進む、アヒル歩きで進む。

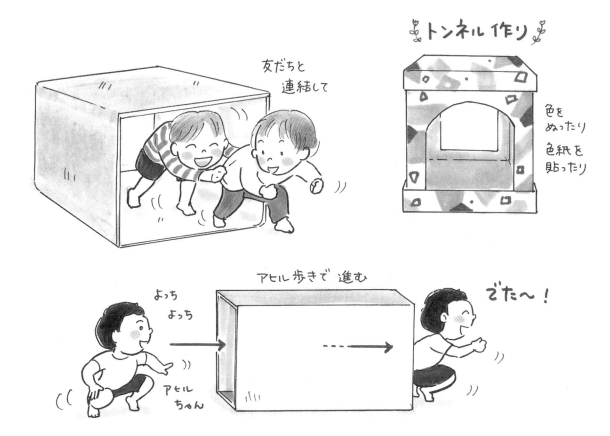

友だちと
連結して

トンネル作り

色を
ぬったり
色紙を
貼ったり

アヒル歩きで　進む

よっち
よっち

アヒル
ちゃん

でた〜！

◎ダンボールキャタピラ
　2人で動きを合わせて進む。別の方向を向き、力くらべをする。

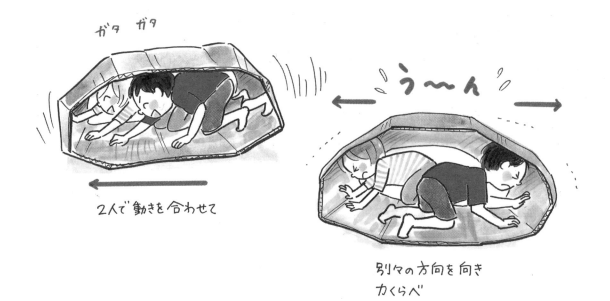

◎３人組でダンボール競争
　ダンボールにバランスよく座る・全身を使って引っ張る・ぞうきんがけの姿勢で押す。
　この３人が１組。別の３人組と対戦してみる。

別の3人組と
対戦してみる

\わーっ/

それー

しゅっぱ〜つ

手作り乗り物

紹介園　はつの・あそびの森こども園（熊本）

竹ぽっくり・てんぐ下駄

◉準備するもの　竹ぽっくり

孟宗竹―直径8センチ～10センチくらい
ひも―（綿金剛打ちロープ3ミリ～4ミリ）人数分長さ×2
布ガムテープ

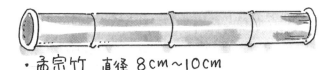

・孟宗竹　直径 8cm～10cm

綿金剛打ちロープ
3mm～4mm

人数分長さ
×2

◉作り方

竹の節のすぐ上のところと、その下7センチ～8センチくらいのところをのこぎりで切り落とし、竹ぽっくりを作る。
節の下2カ所に（対角線に）ドリルで穴をあけ、ひもを通し、竹の内側で結ぶ。
竹が乾燥するとすべりやすくなるので、床と接着する部分に竹の厚みに合わせて布のガムテープを6～8カ所貼ると、すべらずに安定して乗ることができる。

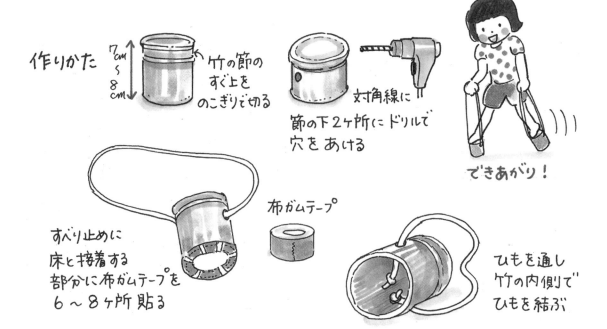

作りかた

7cm～8cm

竹の節の
すぐ上を
のこぎりで切る

対角線に
節の下2ヶ所にドリルで
穴をあける

できあがり！

すべり止めに
床と接着する
部分に布ガムテープを
6～8ヶ所貼る

布ガムテープ

ひもを通し
竹の内側で
ひもを結ぶ

てんぐ下駄
(神賀忠吾さん作)

木工職人の神賀忠吾さんのてんぐ下駄を使用し、床と接着する部分にタイヤのチューブゴムを貼って乗る。

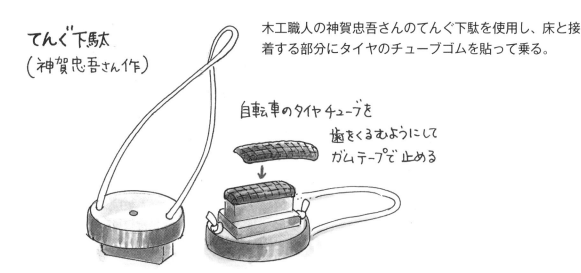

自転車のタイヤ チューブを
歯をくるむようにして
ガムテープで 止める

あそびかた

・2歳児クラスの後半で、年長クラスの竹馬を見ながら竹ぽっくりを楽しむ。

・3歳児クラスの後半で、年長クラスの竹馬を見ながらてんぐ下駄を楽しむ。

・てんぐ下駄は丸と四角があり、四角が乗れたら丸へと挑戦していく。てんぐ下駄の四角が難しい子には、板を足して幅を広くしたのを作り使う。

子どもが足を乗せて立ち上がりやすい高さの椅子に座り、自分で立ち上がって乗ります

あそびのくふう

ひもの長さは、個々の子どもの太ももあたりで、手で引いてからだが前後に傾かない状態に調整する。乗れるようになると、壁に背中を当てて乗ったり、立ったままで乗るのに挑戦する。

●その他

年長クラスは、自分の目標とする高さの竹馬に、仲間の力ももらいながら乗れるようになっていく。

年長さん　ふ・ふ・ふ

2歳児さん　わぁ～

3歳児さん　みて～

紹介園　しらゆり保育園（佐賀）

手づくり竹馬

◉作り方

①竹とひも（PPロープ6）を準備する。

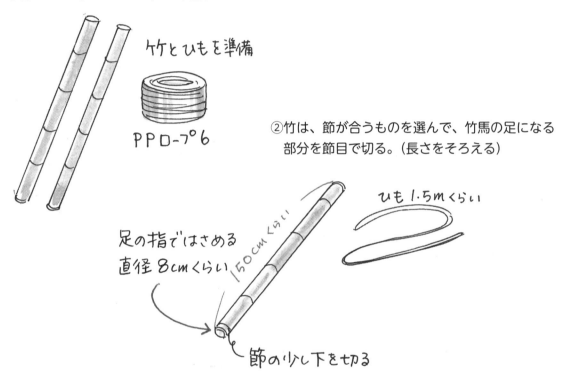

竹とひもを準備

PPロープ6

②竹は、節が合うものを選んで、竹馬の足になる
部分を節目で切る。（長さをそろえる）

ひも1.5mくらい

足の指ではさめる
直径8cmくらい

150cmくらい

節の少し下を切る

③足おき用の竹（半円に切ったもの）を4つ作る。（長さをそろえて切ったものでOK）。
なお、足おき用の竹は木でも代用できる。

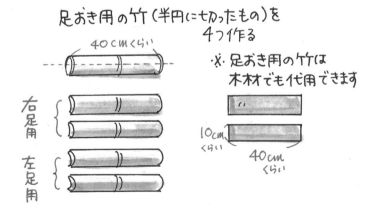

足おき用の竹（半円に切ったもの）を
4つ作る

40cmくらい

右足用

左足用

※足おき用の竹は
木材でも代用できます

10cm
くらい

40cm
くらい

④節のところに足おき用の竹をそわせて、ひもをかませて結ぶ。

竹にそってハの字におき、竹と一緒に2周巻き結ぶ（左右おなじ長さで残す）。

足おき用の竹を70度くらいまで倒し、竹と足置き用の間にひもをかませながら巻いていく。

ひもが短くなったら、節の少し上で結ぶ。

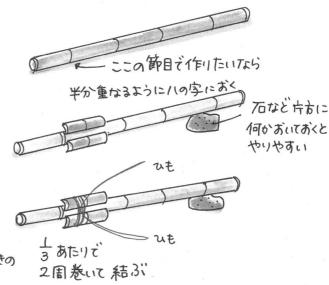

ここの節目で作りたいなら半分重なるようにハの字におく

石など片方に何かおいておくとやりやすい

ひも

ひも

⅓あたりで2周巻いて結ぶ

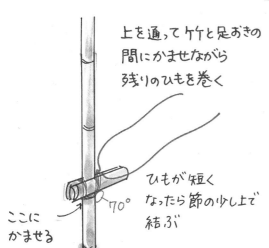

上を通って竹と足おきの間にかませながら残りのひもを巻く

ここにかませる

70°

ひもが短くなったら節の少し上で結ぶ

低い節からはじめて、高い節へひもを結びなおすと、簡単に高さを変えられる点も便利。

⑤竹馬の足の部分に自転車のチューブを巻くと、すべり止めになり、室内でも乗れる。

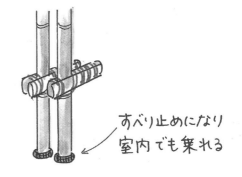

すべり止めになり室内でも乗れる

竹馬でスキップ♪ツーステップ♪ケンケン

横歩き うしろ歩き

ボールけりも楽しい！

コロコロ

紹介園　まつぼっくり保育園（福岡）

「イッポン！」チャンバラ

◉準備するもの

・剣—水道管の保温チューブ（ホームセンターにある）・ビニールテープ
・紅白の旗—広告紙（棒にする）と色画用紙か折り紙で作る。

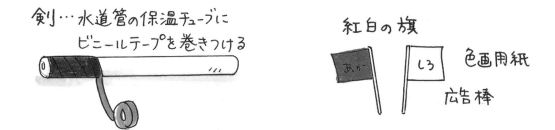

剣…水道管の保温チューブに
ビニールテープを巻きつける

紅白の旗

あか　いろ　色画用紙

広告棒

🐦 あそびかた

①ビニールテープで試合場のラインを引く。審判の「はじめ！」のコールで試合開始。

審判

はじめ！

ビニールテープで
試合場のラインを引く

②紅の人、白の人、に分かれてチャンバラ勝負のスタート！
　顔と頭はねらわない。当たってもポイントにならない。

③先に顔と頭以外のからだのどこかに剣でクリーンヒットさせた人が勝ち！
　ポイントが入ったら、審判は元気に「イッポン！」とコールして、勢いよく旗を上げる。

頭・顔以外の
からだのどこかに
クリーンヒットしたら
『イッポン』

④紅白の２人は元の位置に戻り、審判が勝ったほうを宣言する。

元の位置に戻る
審判が勝った方を言う

あそびのくふう

最初は一本勝負から。子どもたちの腕前が上がってきたら三本勝負にしたり、団体戦にしても盛り上がる。慣れてきたら子どもが審判もする。頭に忍者風に布を巻いたりすると雰囲気UP！

紹介園　河内からたち保育園（熊本）

三角竹馬

 あそびかた

3本の竹を組み立て、端の足を乗せる場所に乗り、バランスをとりながら進んで行く。

竹を3本用意する

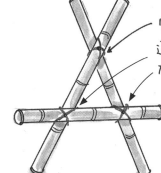

穴をあけ 針金を2周
通して、ペンチで引っぱり
ながら ねじるように 固定する

足を乗せる方に
針金の先を向けないように
工夫する

両端に足を乗せて
左右交互に
出しながら 進む

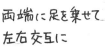

紹介園　つばさ保育園（長崎）

こまあそび

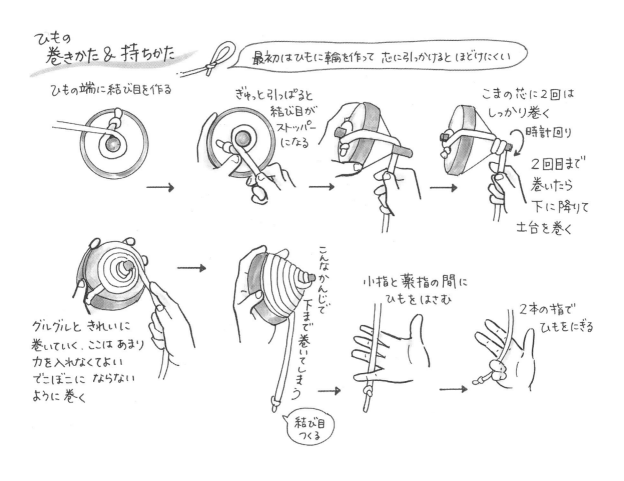

ひもの
巻きかた & 持ちかた

最初はひもに輪を作って 芯に引っかけると ほどけにくい

ひもの端に結び目を作る

ぎゅっと引っぱると 結び目が ストッパーになる

こまの芯に2回は しっかり巻く
時計回り

2回目まで 巻いたら 下に降りて 土台を巻く

グルグルと きれいに 巻いていく。ここは あまり 力を入れなくてよい でこぼこに ならない ように 巻く

こんなかんじで 下まで 巻いてしまう

結び目 つくる

小指と薬指の間に ひもをはさむ

2本の指で ひもをにぎる

・親指は芯棒のすぐ横 ・人さし指は フチよりちょっと下 ひもの上

・中指はこま全体を支える

持ちかた

上から

横から

113

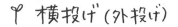

・投げごまは、こまにひもがきれいに巻けていなければ回らない。ひもを巻く段階から指先だけではなく、両手を器用に動かそうと集中する。

・投げごまをする際には、周辺であそんでいる仲間へ注意を促す意味も込めて、投げ手が「投げるよ！」や「いきまーす！」など、思い思いの合図をする。これにより周辺であそぶ仲間が不意に飛んできたこまに気づいて防衛できる。

・なお、投げごまがうまく回せない子は、慣れると簡単に回せるようになる指ごまや手回しごま（芯棒を両手ですり合わせて回す）から始めるとよいだろう。

❡ 横投げ（外投げ）　　　　❡ ひき投げ（内投げ）

足をひらき
身体は目標に
向かって
半身の横え

※ 横投げの場合、
　ひもは 右巻き（時計回り）
　ひき投げは 左巻き
　　左ききの人は
　　　その逆になります

あそびのくふう

・こまを投げ入れる的（台やロープ紐など）があれば、楽しくあそびに熱中できる。また、的を ねらうことで自然とからだの使い方や力の入れ具合がうまくなり、コントロールする力もついてくる。

・ある程度投げごまがうまくなってくると、「かつおの1本釣り」などの簡単な技にもチャレンジできる。

・「どっちが長く回りつづけるか！」など、仲間どうしで時間を競う姿がみられたら、ストップウオッチなどの計測機を渡し、時間を測る。仲間との楽しいあそびのなかで、「時間」の感覚も身についていくし、ものめずらしいストップウオッチを媒体に、仲間どうしで「時間」を伝え合う・教え合う姿もみられる。

・こまの投げ方は、最初から横投げで覚えるほうがよい。なぜなら①多くの技が横投げを基準につくられているため。②ひき投げのほうが、投げて引く動作の際に誤って後方へこまを飛ばす危険が高いため。

🐟 かつおの1本釣り

水平に 水切りの 要領で

肩から指先は 目標へ向ける 目標よりも 少し遠くを狙って こまを投げ こまがひもから離れる前に ひもを引く

こまを回したあとに ひもで引っかけて

こまを真上に釣り上げるイメージ

手の平で 受けとめる

※ ひもを自分に向けて 引くとこまが自分に 飛んでくる

投げごま

投げごまをする時は、合図を発して
周辺のあそび仲間にも伝える

狙う的は テーブルや
ロープひもなどでもよい

ロープひも

こまの種類は、安全を考慮して木芯のこまがよいだろう。
投げごまが上達すれば、横投げ（外投げ）よりもさらにからだ全体を使う縦投げ（野球のような）
を体得できるようになる。

紹介園　よいこのくに保育園（大分）

「伝承あそび」の再生を

　ある男性保育者が、幼少期のあそびの風景を次のように語ってくれました。

　私は、幼少期（1950年代）、炭鉱町の路地裏でコマ回し、ビー玉、弓矢あそび、パチンコ[1]、缶蹴りをしてあそんでいました。女の子はゴム跳び、石けり、まりつき、お手玉など、今でいう「伝承あそび」です。車の通らない安全な路地裏に集まり、「何してあそぶ？」から話し合って始めました。舗装されていない路地裏は、隠れる場所もたくさんあり、雨上がりには水溜まりができる変化に富んだ魅力的なあそび場でした。集まった子どもの年齢もバラバラです。小さい頃は年上の子どもたちについて回っていましたが、やり方がわからず、正式にはあそびにくわえてもらえません。しかし、年上の子は、幼い子たちを「あぶらむし」（地方によっては「ごまめ」「ままこ」「みそっかす」など）と呼んで「つかまっても鬼にはならない」などの特別ルールを作ってくれました。楽しそうな年上の子たちを見て、「いつかはああなりたい」と思った記憶があります。特に、弓矢やパチンコを小刀で器用に作る姿に憧れました。

　その保育者は、「伝承あそび」に明け暮れた日々があったからこそ、古希を過ぎた今でも保育の仕事に携わって元気に過ごせている気がしますと話します。こうした「伝承あそび」を子どもたちが楽しむ姿は、残念ながらあまり見かけなくなりました。三間（空間、時間、仲間）の喪失といわれるように、あそびを取り巻く環境の変化によって子どもたちから子どもたちへと伝えられていたあそびが途切れてしまったのです。こうした危機感から「伝承あそび」をおとなが子どもに伝えようとする試みが多くなっています。

　「伝承あそび」は、子どもたちの育ちにとってどのような役割を果たしているのでしょうか？石けり、ゴム跳び、コマ回し、まりつき、お手玉などのあそびは、自分のからだやモノを操作する動きを身につけることが必要です。上手な子の真似をしながら、「基本的な動き」を身につけ、目と手、手と足の協応動作を高めることができます。さらに、本書で紹介されている竹ぽっくり、竹馬は日常では経験できない不安定な姿勢でバランスをとる力や姿勢をコントロールする力が身につきます。缶蹴りなどの鬼ごっこは、友だちとコミュニケーションを図り、楽しくあそぶための決まりをつくったり、守ったりすることによってあそびがおもしろくなります。

　「伝承あそび」を再生するのは子どもたちだけでは無理があります。あそびが大好きで、おもしろいあそびをいっぱい知っている、先の保育者のような豊富な体験をもつ世代の力が必要です。そうした世代の手を借りながら、子どもたちだけでなく、保護者や地域の人たちのあそび心に火をつけ、次世代へしっかりと継承していく大切な役割を、私たち保育者は担っています。

註
1）Y字型の枝にゴムを引っ掛けたもの。まつぼっくりなどを飛ばしてあそぶ。

風呂敷あそび

あそびかた① お弁当ごっこ

木のブロックをおかずにみたて、母親が作ってくれた風呂敷の中に木のブロックを入れて風呂敷で包み、「お弁当で〜す」と言いながらおでかけする。（風呂敷を結ぶのが難しい場合、保育者が結ぶ。）

あそびかた② おひめさまに変身！

風呂敷で、おひめさまのドレスや冠，ベールにみたてて、おひめさまになりきってあそんだり、マントやターバンにして変身ごっこ。

紹介園　林檎の木保育園（佐賀）

青むし

あそびかた

青むしになったつもりで、「♪ああ　もみの木」の歌に合わせて列になり、つながり歩く。
歌詞に合わせ、眠る真似をする。チョウチョになり、飛んでいく。

青むしに なったつもりで

あぁ〜 もみの木〜

まってー

列になって
つながり歩く

「♪ああ　もみの木」はドイツ民謡で
日本でも多くの訳詞があります。

眠る真似をしたり…

スヤ
スヤ

チョウチョになって 飛んでいく

ひらひら〜

わーい

紹介園　コスモスこども園（大分）

におい袋あそび

◉**準備するもの**

①何も入っていない袋　②いいにおいの袋　③臭いにおいの袋
3つの袋を机の上に用意。

① 何も入ってない袋

② いいにおいの袋

③ 臭いにおいの袋

おしゃれっぽく
豪華に見えるように
置くと 子どもたちは
興味を示します

🐤 **あそびかた**

袋の中味が見えないように、①②③の順番ににおいを嗅ぐ。①②③の順番がなにより大事！

ワクワク

なに なに？

順番に
においを
かいでみて〜

①②③の順番が
何より大事!!

・子どもが自由にあそんでいる時間、部屋の隅でひっそりと準備をし、1人か2人集まるくらいからあそびはじめる。

・最後の臭い袋を嗅いだときの子どものリアクションを見ながら、嗅覚_{きゅう}をどのようにとらえるのか、臭い＝イヤなもの、ととらえるのではなく、笑いに転化できているのかというところを見ていくようにする。

紹介園　たからじま保育園（熊本）

縄跳びバリエーション

◉縄の作りかた（年長児が作る）

布を３つに裂いて、２色３本の布を三つ編みして縄を作る。

縄の作りかた

  }2色3本

布を3つに裂いて 2色3本の布を
三つ編みして 作る

年長児さん

足の指に引っかけて自分で編んでいきます

縄で いろんな形を作る

ふりまわす

足で

1人で

まえとび

うしろとび

かけとび

ケンケンとび

うしろケンケン

2人で

おはいりなさい

ぴょん

クロスとび

123

とびこえ

ぴょん

そり

←----

3人で

♪ なかなかほい ♪

「なか」

「そと」

歌に合わせて
縄を動かし
跳ぶ方も 足を
中と外に 動かす

♪なかなかほい　そとそとほい
　なかそと　そとなか　なかなかほい
　そとそとほい　なかなかほい
　そとなか　なかそと　そとそとほい

紹介園　まつぼっくり保育園（福岡）

124

子どもたちが考えた　縄あそび

あそびかた

ピアノのリズムに合わせて、縄を"ある物"にみたて、子どもどうしが力を合わせて考えだした縄あそびのいくつかを紹介。

①ヘリコプター
　5歳は縄を半分に折り、縄の端を束ねて右手に
持って頭上で回す。
　4歳は半分に折った縄の端を束ねて左手で持ち、
その縄の半分のところを右手で持って頭上で回す。
（4歳の長さは5歳の半分となる。）

ぶん

ぶん

4歳

②コマ回し（2人組で）
　1人が縄をからだに巻き付ける。端っこをもう1
人が持ち引っ張ると、からだに巻き付けた子はク
ルクルとコマのように回る。

わ

クルクルクルクル

ぐい

③クモの巣（サーカスごっこ）
大型遊具の登り棒などに縄を結びつけ、一本橋を作る。その足場をどんどん増やして綱渡りの要領で、その縄の上を渡ってあそぶ。

④ブランコ（縄を使って）
鉄棒に縄の端っこを２カ所結びつけて、ブランコを作る。

⑤電車（２人組で）
先頭とうしろの人が片手１本ずつ縄を持ち、出発。そこにもう1人、もう1人と友だちが乗車していく。

⑥メリーゴーランド
保育者が縄の端を持ち、その反対側を子どもが持つ。複数の子が集まり、保育者を中心にしてメリーゴーランドのようにグルグル回ってあそぶ。

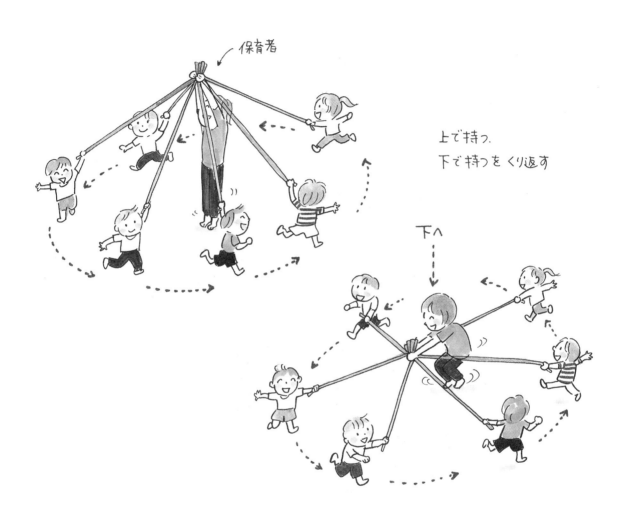

保育者

上で持つ.
下で持つを くり返す

下へ

あそびのくふう

4歳は保護者と、5歳は体育的活動のなかで、長さ3，5メートルの長い布を三つ編みする（122ページと同じ方法）。この編んだ縄を使って縄あそびに取り組む。

紹介園　虹の子保育園（鹿児島）

いろいろ走り縄

あそびかた

短い縄（年長クラスが布を三つ編みして作る）を使ったあそび。走りながら縄跳びをするだけでなく、さくらんぼリズムのステップなど、いろんな走り方をしながら縄跳びをする。スキップ、ツーステップ、ケンケン、横ギャロップ、てんぐ跳びなど、いろいろなステップをしながら走り縄を楽しむ。

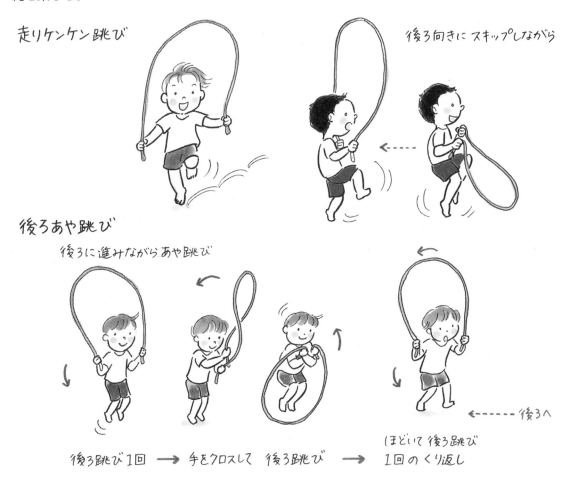

走りケンケン跳び

後ろ向きにスキップしながら

後ろあや跳び

後ろに進みながらあや跳び

後ろ跳び1回 → 手をクロスして 後ろ跳び → ほどいて 後ろ跳び 1回のくり返し

後ろへ

あそびのくふう

子どもたちの発想で新しい技、難しい技を考え、いろんな跳びかたに挑戦する。

紹介園　玄海風の子保育園（福岡）

昔なつかしいゴム跳び

あそびかた

輪ゴムを編んで長くつなぐ。2人がゴムの端っこを持ち、ピンと張る。
ゴムの上を跳び越えたり、下をくぐったり、ゆらして上を跳んだりする。
片足でゴムを押さえて跳びこえるのも楽しい！

ゴムの上を跳びこえる

とぶよ～

下をくぐる

ゆらして上を跳ぶ

あはは

ユラユラ

あそびのくふう

跳ぶときの格好を決めて跳ぶなど、ルールを作ってあそぶのも楽しい！

紹介園　すみれ保育園（福岡）

みんなで大移動

あそびかた

・保育者2人が大縄跳びの端を持ち、上げたり、下げたりする。子どもたちは縄をくぐったり、跳んだりして走って移動する。

・首に縄がひっかからないように、縄を引っ張りすぎないように、保育者が見守ること。

・保育者も「オーッ!」と言いながら追って行くと盛り上がる!　保育者どうしがアイコンタクトをとりながら、あそびを進めていく。

布引っ張りあそび

あそびかた

・大きな布に乗る人と、引っ張る人に分かれる。
・電車にみたてたり、車にみたてたりして引っ張ってあそぶ。

紹介園　西南学院舞鶴幼稚園（福岡）

あそびのくふう

縄を持つ片方は上げて、片方は下げたり、フェイントで急に下げたりなどするとおもしろい。速度の緩急やリターンの場所など変えたりしてもいい。

紹介園　ころころ保育園（佐賀）

なこかい、とぼかい、とんだほうがましじゃー

あそびかた

段差があるところならどこでもOK。

段差を「なこかい　とぼかい　とんだほうがましじゃー」
　　　　（泣）　　（跳）　　　（跳）
と言って跳ぶ。高さは自由。子どもの両手を引いて跳んだり、自分で跳んだり。

あそびのくふう

うしろが詰まって早く前に移動してほしいときにも、この「となえ言葉」を言ってあそびながら促すと、「渋滞が緩和」されることも。

紹介園　タンポポ保育園（宮崎）

132

かいだんワニ下り

あそびかた

手と足を交互に使いながら、階段をずり這いで下^{くだ}っていく。

階段をずり這いで
下っていく

紹介園　やまなみこども園（熊本）

戸板すべり台と柵のぼり

あそびかた① 戸板すべり台

戸板を土台に立てかけ、反対側には柵をはしごとして使って、すべる個所と登る個所を設定する。
柵はしごを登るスリルとすべり台をすべる楽しさを味わう。

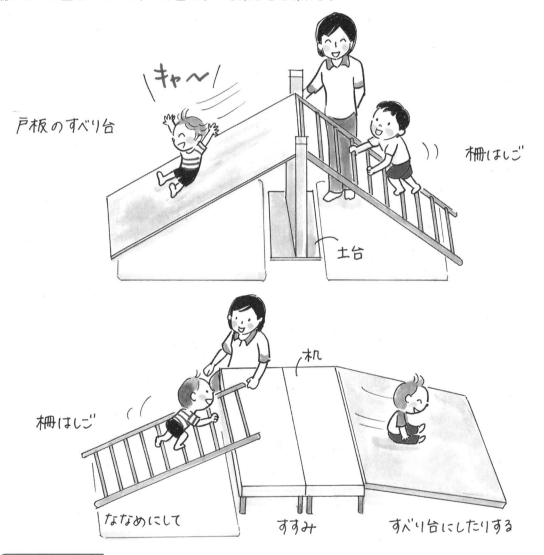

あそびのくふう

柵はしごを登るときに、手と足を交互に動かして進むように促す（ひざをつけて手だけで登る子がいるので）。

あそびかた② 柵のぼり

部屋で使っている可動式の柵を、机とつなぎ合わせる　→　柵の上を渡り、机のほうまで進む
→　その後、机からジャンプしたり、斜めにしてすべり台にする。

ぴょん

高さのあるところを渡り　　　　　ジャンプしたりする

あそびのくふう

子どもの発達に応じて、柵の長さや置きかた（斜め・平行）を変える。
手足への刺激やからだの発達につながるよう、高這いで進むように促す。
子どもが慣れてきたら、高さを変える。

紹介園　つばさ保育園（長崎）

COLUMN

「子どもの権利条約」第31条：休息と余暇、遊びの権利

　「ゆとりと遊びの権利」が子どもたちにどれほど保障されているでしょうか？「国連・子どもの権利委員会」（2010年）は日本の子どもの問題として「ゆとりと遊びの権利が剥奪されている」と指摘しました。夜更かしして睡眠時間が短い子ども、あるいはおけいこごとなどで疲れている子どもが増えています。保育園などでも朝から元気がない子どもがいます。外でのあそびより室内あそびを好み、お散歩にも「行きたくない」と参加しないこともあります。あそびは子どもたちの発達に欠くことができない権利です。と同時にゆとりも大事です。子どもたちがボーっと過ごすことも重要な権利なのです。子どもが育つ社会は、参加することも保障され、参加しないことも保障される社会でありたいと思います。

2メートル戸板とロッククライミング

あそびかた① 2メートル戸板

・戸板に固定されているロープをつかみ、2メートルの板の壁を登っていく。足の指先で支え、腕の力で上へと登っていく。お尻の下がっている子は、下から少し支えて援助する。

・登りきり、またがったときには、上からの眺めを楽しみ、達成感を味わう。

・降りるときは、反対側のロープを足でつかみ、降りる。ロープをうまくつかめないときには、ロープを壁から離し、つかみやすいように援助する。

あそびかた② ロッククライミング

戸板（136ページと同じもの）の片面に斜面を設け、ボルダリングの突起を複数備え付ける。ボルダリングを登り、反対側のロープを伝って降りる。

（裏面）

引っかける

（正面）

登る

降りる

紹介園　つばさ保育園（長崎）

坂道ジャンプ！

🐦 **あそびかた**

鉄棒と戸板を使ったあそび

①鉄棒の上に戸板をひっかけ、坂道を作る。

②戸板の上を走って駆けあがり、一番上まで登ったら跳び降りる。

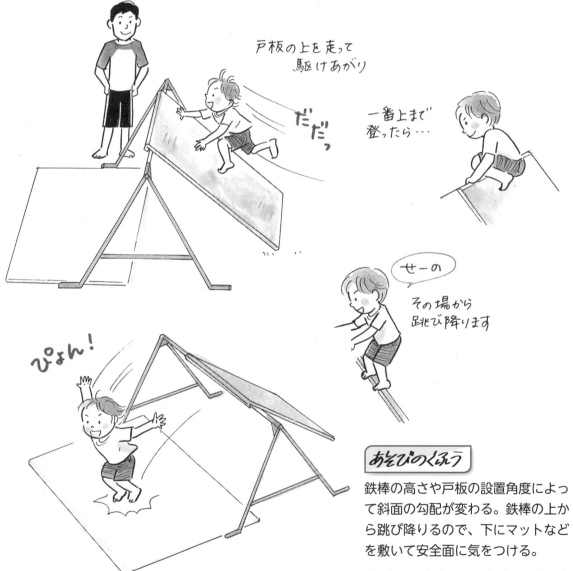

戸板の上を走って
駆けあがり

だだっ

一番上まで
登ったら…

せーの

その場から
跳び降ります

ぴょん！

あそびのくふう

鉄棒の高さや戸板の設置角度によって斜面の勾配が変わる。鉄棒の上から跳び降りるので、下にマットなどを敷いて安全面に気をつける。

紹介園　玄海風の子保育園（福岡）

巨大ハンモック

あそびかた

遊具の柱や木の幹に大きなハンモックを結びつける。
乗りかたによって、編み目に足が引っかかったり、ハンモック全体がゆれるので、手足がどこにあるのか、どう動かすのかを考えて進む力や、全身のバランス感覚、体幹が鍛えられる。

好きなところで
ひなたぼっこ

全身のバランスをとって

紹介園　保育園ひなた村自然塾（佐賀）

のぼったり、おりたり
大型網遊具であそぼう！

あそびかた

●使用上の注意として

はじめに保育者が、子どもたちに使い方を説明し、モデルを示してから、あそびを開始する。
入り口前で友だちを押さない、ネットの中で友だちとケンカしないなども伝えておく。

保育者は「1階の入り口」、「ネットの中」、「2階の出口」のところで見守る。（重量制限500
～750kg）

2Fへ 吹き抜けになっている

1F

あそびのくふう

ネットの中を自分のペースで登り、2階まで登ったら、1階に戻ってもう一度挑戦する。

登りかたを変えて（動物の真似など）いろんなからだの使い方をする。

上の段に登るごとに高さも増すので、途中でこわがる子もいる。子どもどうしで協力（登りかたを教え合う）して登ったり、友だちに励まされたりして上まで登りきり、達成感を味わう。

すごいね！

でた～

2Fの出口

紹介園　むぎっこ保育園（鹿児島）

あなたはだあれ？

あそびかた

松谷みよ子さんの『あなたはだあれ』という絵本のごっこあそび。
ドンドン橋を渡って来た子に「あなたはだあれ？」と聞く。
「ワンワン」……「ワンワンではわかりません。あなたはだあれ？」
「犬です」……「犬さんでしたか、こんにちは。ドンドン橋渡ってこっちへおいで」
と言って橋を渡りきる。このくり返し。

あそびのくふう

・子どもの言葉や動きに応じて臨機応変に対応していく。慣れてくると、ゾウやキリンなど、この絵本にない動物も出てくるので、「あなたのお名前は♪」などと、自分の名前を言って橋を渡る展開も楽しめる。
・順番を待って並ぶことをあそびながら覚えていくことができる。

紹介園　タンポポ保育園（宮崎）

いもむしごろごろ＆あざらし

 あそびかた

リズム運動やわらべうたあそびのときにする。また、マットあそびにつながる。

いもむし

いもむし ごろごろ ひょうたん

左右に

床に寝ころんで 左右に 振り子の
ように 揺れる
体幹・背筋・腹筋など
全身を 使う

ぽっくりに

ぽっくりにで 起き上がる

あざらし

すすむ

「金太郎」の曲に合わせて
あそぶ

腹這いから腕をのばして
そのまま前方に進む
腰から下は 脱力する

紹介園 大島保育所（福岡）

143

手押し車ジャンケン

あそびかた

①マットを床に3枚敷く。

②両端から手押し車をして進み、ぶつかった所で手押し車をしながら片手でジャンケンをする。

③負けたらうしろに行き、勝ったら先に進む。相手側に先に着いたら勝ち。

両端から 手押し車をして進み　ぶつかった所で

勝ったら先に進む

負けたら うしろに行く

しっかりバランスをとって、ジャンケンする。相手の陣地に入ったら勝ちや、勝った数で勝ち負けを決める。

紹介園　つばさ保育園（長崎）

平均棒くぐり

あそびかた

平均棒を４本くらい準備して、ほふく前進のようなスタイルで進む。
スタートとゴールの位置を決めておくことで、子どもどうしのぶつかり合いによるケガも防げる。
腹這いの形から、背中を床につけて足で床を蹴って進むスタイルにも挑戦していく。

ほふく前進のように進む

背中を床につけて
足で床を蹴って進む

あそびのくふう

くぐるのに飽きたら、少し競争形式にして、保育者や友だちを追いかけてあそぶ。

紹介園　つばさ保育園（長崎）

平均棒またぎ＆忍者跳び

あそびかた① 平均棒またぎ

平均棒（平均台でもよい）を２本くっつける。棒の上で横になった子どもを、またいであそぶ。

全身を使って
跳び越す

低いイスの上に
乗せるなどして
高さをつけてもよい

紹介園　つばさ保育園（長崎）

あそびかた② 忍者跳び

平均台の反対側へ跳び越し、慣れてきたら、忍者のように連続で跳び越して前に進んでいく。

両足で強く床を蹴り
尻を高く上げて跳ぶ

平均台を跳び越して
着地

紹介園　玄海風の子保育園（福岡）

鉄棒うんていあそび

あそびかた

鉄棒2本を平行に設定し、さまざまなあそびを展開することができる。

ぶら下がる

ぶら下がりながら進む

手足を使い、鉄棒の上を渡る
（下にマットを敷く）

子どもの年齢や発達に合わせて、鉄棒の高さを変えたり、4、5歳になると、鉄棒の高さをバラバラに設定するのもおもしろい。

紹介園　玄海風の子保育園（福岡）

手づくり登り棒&竹登り

あそびかた① 手づくり登り棒

登り棒で、子どもどうしで支え合って、登りっこする（年中、年長）。

園庭のけやきの木に
お父さんたちが
竹を切り出して
取り付けてくれました

くくりつける結び方も
漁師さんのほどけない
「もやい結び」で

子どもどうしで（異年齢）
支え合って 登りっこ

がんばれ〜

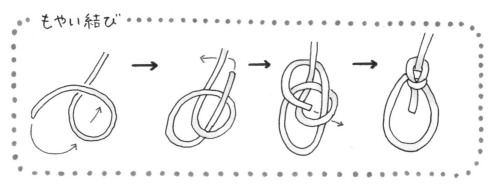

もやい結び

紹介園　大島保育所（福岡）

あそびかた② 　竹登り

・6メートルの竹をはだしの足のうら
　で支えながら腕の力で登る。降りる
　ときにも、足で竹をはさみ、ゆっく
　りと降りる。
・頂上に登ったら先端にタッチした
　り、下にいる保育者が声をかけたり、
　手を振ったりすることで達成感を味
　わう。登れずにいる子には保育者が
　足を支え、すべらないように援助す
　る。

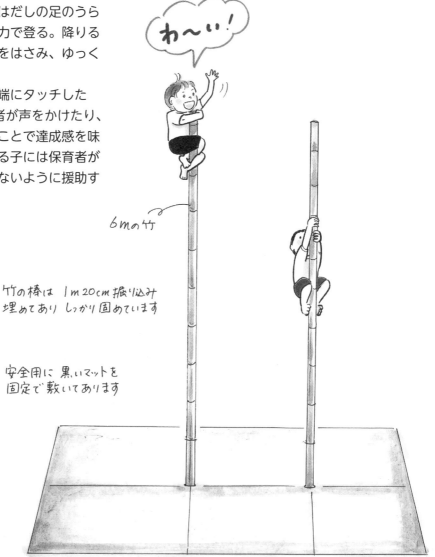

わ～い！

6mの竹

竹の棒は 1m20cm 掘り込み
埋めてあり しっかり固めています

安全用に 黒いマットを
固定で敷いてあります

紹介園　つばさ保育園（長崎）

タイヤであそぼう

あそびかた

①タイヤを転がしてあそぶ。
　転がしたタイヤを友だちが追いかける。

いくよ～

友だちと転がし
キャッチボール

まて～

②タイヤを積み木のように積んであそぶ。
　積み重ねたタイヤの上にマットを掛け、山にしてあそぶ。

タイヤを積む

重ねてその中に
入ってあそぶ

積み重ねたタイヤの
上にマットを掛ける

マット

152

③タイヤを道のように並べて、その上を
　飛び跳ねたり、友だちとチームを作り
　「ドン　ジャンケンポン」をする。

ジャンケンポン

④子どもがタイヤをロープで引っ張り走ってあそんだり、タイヤに乗り、数人の友だちがロープ
　を引っ張ってあそぶ。

⑤タイヤブランコ
　　ブランコの支柱にタイヤをロー
　　プで吊るす。子どもはタイヤの
　　輪の中にからだを入れてゆれた
　　り、タイヤの上によじ登ってあ
　　そんだり、タイヤの上を渡って
　　あそんだりする。

⑥タイヤ平均台
　　木材と組み合わせるなどして平均台を作り、あそぶ。

木材

紹介園　さつきヶ丘保育園（熊本）

タイヤブランコ

あそびかた

木にタイヤや縄をくくりつけてブランコにする。1人乗りや、立つ人・座る人に分かれて2人乗りするも良し。ぐるぐる回転させて乗るなどいろんな乗りかたで楽しむ。グラグラとゆれるためバランス感覚が養われる。

2人で乗る

あはは…

ぐるぐる回して　回転させる

キャーッ

紹介園　西南学院舞鶴幼稚園（福岡）

タイヤ引き

あそびかた

7つのタイヤを並べ、1チーム5、6人の2チームに分かれて、タイヤを引っ張り合うあそび。
より多くのタイヤを自分のチームの陣地に入れたほうが勝ち。

1チーム5.6人の2チームに分かれる

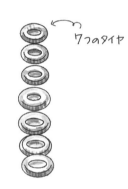
7つのタイヤ

あそびのくふう

どうやったら勝てるのか作戦を考えながら行うのも楽しい。（例：4個だけタイヤを取る作戦、相手のチームが取ってないのを取る作戦など）
時には、勝ち残り（勝ったチームはつづけてできる）にしたり、トーナメント戦にしてあそび方を自由に変えるのも楽しい。
タイヤの数も1チームの人数も、そのときのあそぶ人数によって増やしたり減らしたりもOK。

引っ張り合って より多く 自分の陣地に入れた方が勝ち

うーーーー!!

ズルズル

紹介園　西南学院舞鶴幼稚園（福岡）

ターザンロープ

あそびかた

園庭の大きな木に結んだロープを使い、ターザンや体操選手のようにいろいろな技に挑戦する。ぶら下がる・ふる・ゆれる・回るなど、全身を使ったあそびができる。

園庭には ホルトの木 2本

調整能力　体幹

ひもをくるくるねじる

ひもに子どもののったまま

くるりと回る

ブルブルなりながら

おもいっきりほどくするとくるくる勢いよく回る

小さな築山

あそびのくふう

子どもたちが生み出す技はおもしろい。見よう見真似で、自分なりの挑戦で達成したとき、「できた!」と輝く子どもたち。時には、友だちが「手をぴーんって伸ばすと!」とテクニックを教えてくれることも。

ケヤキの木 2本

あ〜ああ〜

古タイヤを埋め込んでいる

ビワ ホルト ホルト ケヤキ ケヤキ

園庭

紹介園　大島保育所（福岡）

大型ばくだんゲーム

あそびかた

・大玉ボール（バランスボールくらいの大きさ）を転がし、ボールに当たらないように、直径4
　〜5メートルの円の中を逃げ回る。
・ボールに当たった人は円の外に出て鬼になり、最後まで残った人がチャンピオンで、2回戦の
　鬼役になる（はじめの鬼役のみ、1回当てたら円の中に入ることができる）。
・大きなボールをよく見ながら当たらないように、友だちにもぶつからないよう、機敏に動き回
　る。

ボールに 当たらないように
円の中を 逃げ回る

←鬼

バランスボール

初めの鬼役のみ
1回当てたら 円の中に
入ることができる

あそびのくふう

保育者も鬼になったり、円の中に入ったりして、「当たるもんか〜！」とおもしろがりながら逃げ
たり、ボールを素早く転がすと、子どもの動きも活発になり楽しくなる。
園庭など広い所でするときは、ボールを2個にしても楽しい！

紹介園　共同保育所ひまわり園（鹿児島）

遊具を使うあそび

トランポリン

あそびかた

トランポリンの上で、縄跳びをしたり、正座しながら縄跳びをする。トランポリンのふち でひざを打たないように気をつける。

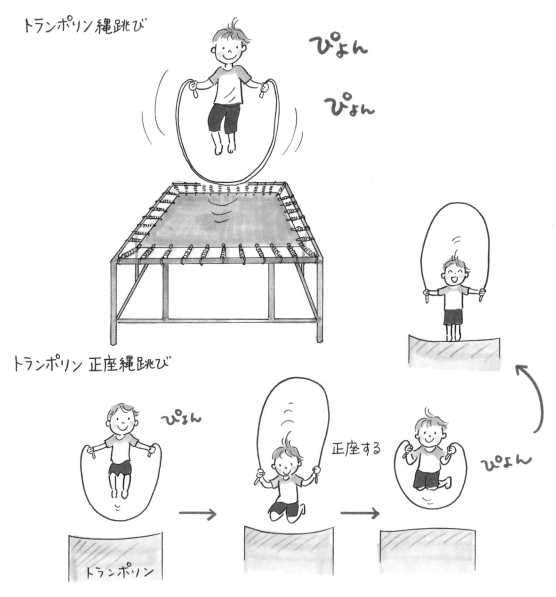

トランポリン縄跳び

ぴょん

ぴょん

トランポリン 正座縄跳び

ぴょん

正座する

ぴょん

トランポリン

紹介園　ころころ保育園（佐賀）

サーキットあそび（3種）

 あそびかた① ぐらぐら橋

◉**用意するもの**
鉄棒２台・縄4本・マットあるだけ・巧技台用はしご

ぐらぐら橋　バランスをとりながら渡ろう！

巧技台用はしご
マット
鉄棒
マット

設定時のポイント
鉄棒とはしごを縄で結ぶ

年長さんになったら
マットをはずして
はしご渡り

結び目が
下にくる
ようにすると
重みで締まりはずれにくい

縄は二つに折って
このように鉄棒にかける

あそびかた② 鉄棒乗り越え

◉用意するもの

鉄棒・マット・縄・セーフティマット

鉄棒の壁とハイジャンプ―鉄棒を乗り越えてジャンプ！

鉄棒の壁とハイジャンプ

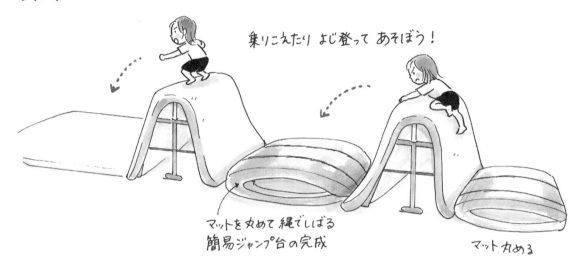

乗りこえたり よじ登って あそぼう！

マットを丸めて 縄でしばる
簡易ジャンプ台の完成

マット 丸める

◉設置時のポイント

・マットを丸めて縄でしばると、簡易ジャンプ台の完成。落ちたときの衝撃緩和にも役立つ。

安全面に配慮して
マットを落ちそうな場所に
設置する

マット

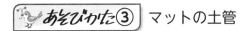 **あそびかた③** マットの土管

◉**用意するもの**

マット・縄・跳び箱・セーフティマット

マット土管とハイジャンプ―マット土管に入って這い出してみよう

マット土管とハイジャンプ

マットの土管に入って
這い出してみよう

とび箱

とび箱

マット

マット

◉**設置時のポイント**

・マットは縄で固定する。

マットを二重に
丸めると土管が
頑丈になって
くずれにくい

あそびのくふう

・遊具を組み合わせることでサーキットあそびが広がる。
・安全面に十分配慮して子どもが落ちそうな所にマットを設置する。

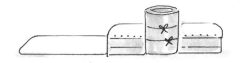

遊具を繋げるとサーキットあそびが広がる

紹介園　ひさやま保育園杜の郷（福岡）

サーキット

あそびかた

室内でからだを動かすあそび。

3・4・5歳が共通であそべるように
遊具の高さは やや低めに設定

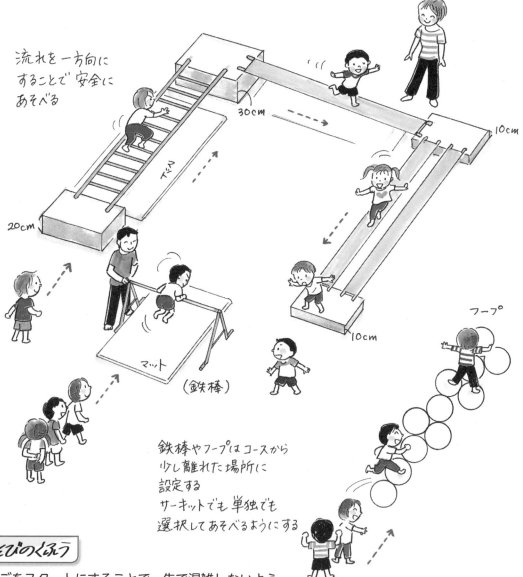

流れを一方向に
することで安全に
あそべる

30cm

10cm

20cm

マット

（鉄棒）

10cm

フープ

鉄棒やフープはコースから
少し離れた場所に
設定する
サーキットでも単独でも
選択してあそべるようにする

あそびのくふう

はしごをスタートにすることで、先で混雑しないよう
調整できる（はしごが途中にあると詰まってしまうこ
とがあるため）。

紹介園　杉の子保育園（福岡）

消防士ごっこ

あそびかた

消防隊になって運動あそびを楽しむ。

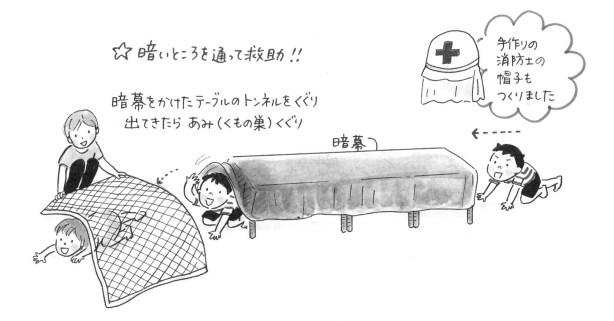

☆ 暗いところを通って救助!!

暗幕をかけたテーブルのトンネルをくぐり
出てきたら あみ (くもの巣) くぐり

暗幕

手作りの
消防士の
帽子も
つくりました

☆ 土砂災害訓練

タイヤを土砂にみたて
・登る
・転がす
・運ぶ (1人で・友だちと)
・ひもをつけて 引っ張る

救助

☆ 火災を消す

・玉投げ
・玉入れ
（水に見立てる）

火のパネル

えい

玉は
新聞紙を
丸めたボール

☆ 戸板のぼり

足指でけり
登る　降りる
上半身で支えて
登る

☆ 竹ぶらさがり

両手で握る・ぶたの丸やき

保育者が
両端から持って
4〜5m運ぶ

子どもは竹に好きなように
ぶらさがる

☆ ビームやはしご渡り

それぞれに好きなように
登る・渡る・跳ぶ

はしご

ビーム

ビーム

ジャンプ！

高さも色々
順番をルールとして入れて
ケガなどしないように注意しよう

☆ 足腰をきたえる訓練

つな引き

足でボールを
はさんで 運ぶ

ぴょん　ぴょん

☆ 人命救助　　2人で力合わせ

人形

手作り担架

☆ ひもをつたって登る

斜面を
転がる

ゴロ
ゴロ

あそびのくふう

年齢幅があっても楽しめる。

ジャンプして くるりんぱ

あそびかた

・「1、2、3」で子どもはジャンプして足を開き、保育者の腰につかまる。
・保育者は子どもの腰や首をしっかり支える。少しずつからだをうしろに倒し、逆さまになる。
　子どもは、逆立ちの要領で地面に手を着き、バランスをとる。
・保育者は子どもの膝元から手を離し、子どもはうしろ回りの要領で「くるりんぱ」と回る。

保育者と1対1で
向かい合う

保育者の親指をにぎる

「1・2・3」で子どもはジャンプ
足を開いて保育者の
腰につかまる

子どもの
腰や首を
しっかり支える

後ろへ
倒れる

子どもは逆立ちの
要領で地面に
手をつきバランスを
とる

保育者は子どもの膝元から
手を離し、子どもは後ろ
くるりんぱ 回りの要領で
「くるりんぱ」と回る

紹介園　つばさ保育園（長崎）

ひこうき

あそびかた

手押し車であそぶ

子どもは足を開いて保育者のからだをはさむ

子どもが上体を
起こすのに合わせて
保育者は 子どもの
おなかを 支えて
持ち上げる

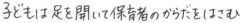

子どもは手を広げ
飛行機のように
からだを
そらせる

ぶ～ん

保育者は 子どもを
支えて 動き
まわる

着陸しま～す

保育者が「着陸します」と
いう合図をしたら
手押し車に もどる

紹介園　大橋保育園（福岡）

169

どろんこあそび

木の船で泥水を海にみたてて、走らせる。

木の船で 泥水を海に みたてて
走らせています

バシャ バシャ

紹介園　大島保育所（福岡）

季節のあそび

ポリ袋でミニ気球

あそびかた

たき火の上でポリ袋を広げ、熱を送る。ポリ袋全体が温まり、浮き上がるような感じがしたら手を離す。ポリ袋は屋根まで上がり、子どもも保育者も大喜び。

ワクワク

ポリ袋全体が温まったら…

やったぁ

ふわふわ〜

わわっ

すごーい

わー

まって〜

紹介園　乙房こども園（宮崎）

ぴっかぴかの光る泥だんご

あそびかた

子どもたちの大好きなぴっかぴかの「光る泥だんご」は、その工程ごとに力加減を変えつつ、指や手のひらを使い分けて作る。1つの泥だんごを作るのに、出来栄えや時間に個人差はあるが、かなりの時間「集中」してあそぶ。

手順

①球体の土台づくり「ぎゅっぎゅっ♪」
　　（ぎゅっと握りしめて土の水分を絞り出す）

②指で球体づくり「まぁるくなぁれ♬　まぁるくなぁれ♬」
　　（乾いた土をかけつつ、指（親指のひら）でなぞりながら、転がしながら球体を作る）

③手のひらで球体づくり「まぁるくなぁれ♬　まぁるくなぁれ♬」
　　（乾いた土をかけつつ、手のひらでなぞりながら、転がしながら球体を作る）

④皮膜づくり「どんどん光れ〜♬　どんどん光れ〜♬」
　　（サラサラの砂をかけ、手のひらで球体をなでる）
　　＊手粉づけ：乾いた土の手のひらについた細かい砂で球体をなでる。

⑤磨き「ぴっかぴか光れ〜♬　　ぴっかぴか光れ〜♬」
　　（目の細かい生地で球体をなでる）

どんどん光れ♪

まぁるくな〜れ♪

さいごのみがきは

ストッキングをカットした生地でみがきます

ザルを使ってサラサラ砂集め

ぴっかぴかの泥だんご
できたよ〜!!

・土の種類は真砂土が適している（砂場の砂ではできない、ホームセンターなどで購入できる）。
・泥だんごを保管する個人容器があれば、子どもたちが自分で管理できる。
・泥だんご作りの前に「ザル」を使って、サラサラの砂集めをする。サラサラの砂はタライなど
　の別容器に入れて、だんご作りの途中でなるべく小石などが入り込まないようにする。
・泥だんごを磨いて皮膜を作る最終工程では、目の細かいストッキングをカットした生地で磨く。

紹介園　よいこのくに保育園（大分）

秘密基地づくり

あそびかた

・子どもたちの意見を聞きながら、基地づくりを進める。材料は河原に落ちている石、草、竹などで作る。

・竹を並べて屋根を作ったり、石を並べて石垣の壁を作る。竹の皿に石をのせ、握り飯にみたててあそんだり、石に葉を巻いて団子にしてごっこあそびを楽しむ。倒れた木の上に乗り、舟にみたててあそぶ。

舟にみたてた木

しゅっぱーつ

わー

すごーい

石垣の壁
石くみ

竹の壁づくり

竹を運んで
屋根づくり

石にはっぱをくるんで おにぎり

竹の皿

石ころ料理

いただき
ま〜す

あそびのくふう

子どもたちの意見や作りたいものを聞きながら進める。材料はその場にあるものを使うので、どうやって作るかもみんなで考える。子どもたちの発想やひらめきを取り上げていけるように、「何に見えるかな？」などの会話も大切にする。

紹介園　北合志保育園（熊本）

川あそびがいっぱい！

あそびかた① 思いっきり川あそび！

◎氷鬼
・水の浅いところで「氷鬼」をする。友だちの股をくぐって助けることができる

水の浅いところで氷鬼

◎保育者の肩からの飛び込み

・しゃがんだ保育者の肩に子どもが足を置く。保育者が立ち上がり、肩に乗った子どもがジャンプする。

・保育者が子どもを抱え、放り投げる

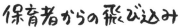

保育者からの飛び込み

しゃがんだ保育者の
肩に子どもが足を置く

保育者が立ち上がる

ジャンプ

ドボーン!!

保育者が子どもを抱え

ポイッ

放り投げる

バッシャーン!!

あそびかた② 浮き輪を使った川あそび

◎浮き輪の服―子どもたちから浮き輪を集め、その浮き輪を全部身につけて泳ぐ。

◎高い所から浮き輪に飛び込む。慣れたら浮き輪なしで飛び込むことも楽しむ。

◎浮き輪を投げて取りにいく。

あそびかた③　川流れ

川の流れをつくり、流れに身を任せることと浮くことを楽しむ。

浅い川の小さな流れを
石を取り除いて
大きな流れをつくる

流れの途中にある石は
できるだけ取り除く

あそびのくふう

浮き輪に乗って流れたり、ワニのように流れたりする。また、ぞうりや笹舟を流しても楽しい。

あそびかた④　道具を使った川あそび

◎ペットボトルの浮き輪─水着の中（背中側）に大きめのペットボトルを入れて、浮力と泳ぎを
　楽しむ。

大きめのペットボトルを入れる

◎縄くぐり─保育者が持った２本の縄の間を泳いでくぐって抜けていく。

◎ビニールシートへの飛び込み──高い所から、保育者が持っているビニールシートへ飛び込む。

保育者が
ビニールシートを持つ

ジャンプ！

バッシャーーン！

あそびのくふう

・ペットボトルの浮き輪は、カッパの話などをすると子どもの気持ちが高まってくる。
・縄くぐりや飛び込みは、少し水に慣れてきてからのあそび。

①～④紹介園　ころころ保育園（佐賀）

あそびかた⑤　自然のなかの豊かなあそび

四季を通した自然あそびを楽しむ。

石の上から
ジャンプ

キャー

石を積んでカニの家など
工夫して作っている

虫あみを持って チョウチョ や トンボ を
捕まえたり … 夢中になって駆け回る

紹介園　久山かじか保育園（福岡）

いかだあそび

◉準備するもの

発泡スチロール・ペットボトル・板・竹などを使って「いかだ」を作る。

＊海などに出かけるときは、事前に保育計画を保護者に伝える。可能であれば保護者に参加してもらい、監視体制を整え、安全にあそべるように協力してもらう。

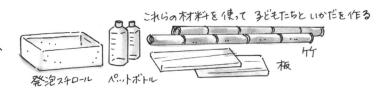

これらの材料を使って 子どもたちと いかだを作る

竹

板

発泡スチロール　ペットボトル

あそびかた

・いかだには、3、4名ずつ交替で乗り、保育者や子どもたちが引く。

・いかだにはつかまる所がないので、落ちないようにバランスをとる。

子どもたちが描いた旗がつけられ「海賊ごっこ」を楽しむこともある

3〜4名ずつ
交替で乗る

お〜い！

ユラユラ〜

海などに出るときは、監視体制を整える

あそびのくふう

海で「いかだあそび」をするときは、波にのりながらゆれる感覚が楽しいし、その際「大波がくるぞー！」とか、「あれは何だ？　海賊船か！」と声をかけることで想像がふくらみ、より楽しむことができる。

紹介園　共同保育所ひまわり園（鹿児島）

激流下(くだ)りで絶叫！

◉**準備するもの**

ゴムボート・ライフジャケット・防水帽子

ライフジャケット と 防水帽子を 着用

あそびかた

4歳の夏（お泊まり保育やキャンプ）、川で滝（川の段差）を下るあそび。怖いけれど面白いという体験になるようにする。からだとともに、心も鍛えられる。

紹介園　大口里保育園（鹿児島）

全身を使って山のぼり！

あそびかた① 全身を使って山登り

山の斜面には足場もいくつかあるが、砂地や砂利なので、簡単には登れない。足をかける場所、力の入れかたなどを実際に登ることで体得していく。

春や夏は草木が生い茂り、登る途中にある野イチゴや木の実を採ることを目的に登ることを楽しんでいる。

野イチゴの花がいっぱい！

・足をかける場所やからだの力を入れる部分を保育者も伝えるが、実際に自分の力で登ることで、全身の使いかたがわかる。
・降りるときも子ども自身で考え、お尻をつけ、重心を下げるなど工夫する。

ガンバレー

もうちょっとー

足をかける場所
力の入れかた　入れる場所
　手足を使い
　全身の使い方が わかる

園舎裏に急な斜面があり
砂地・砂利なので すべりやすく
簡単には 登れない

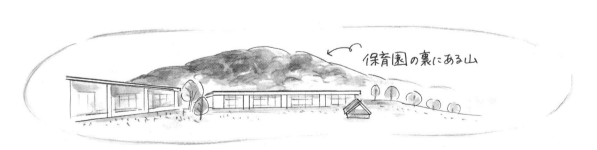

← 保育園の裏にある山

- 直線的なけもの道を登って山頂まで行くあそび。
- 地肌が露出していて、普通に登ると足がすべってしまうので、つかまれそうな木、足をかけられそうな起伏を探しながら、全身を使って登る。
- 足の指に力を入れて登って行き、下りは、からだを横向きにして足裏全体で地面を捉えながらバランスをとって下る。

直線的なけもの道を登って

つかまれそうな木.
足をかける場所を探しながら
全身で 登っていく

手を差し伸べて 助け合い

山頂からは 海が見える！

ちょっと広い空間もある

事前に
保育者が
下見をする

急勾配なところには
ロープを結んで

ゆっくりね…

①と②紹介園　玄海風の子保育園（福岡）

 あそびかた③ 山登り

頂上（秘密基地）目指して登る

小さい子たちも 見よう見まねで
登っては滑りを くり返し
うまく蔓（かずら）を つかんだり、
からだの どこかで
踏んばって 降りてくるようになる

あそびかた④　蔓のターザンロープ

山１つ分
あそび場になっている

それっ

キャーッ

びゅんっ

紹介園　③④大島保育所（福岡）

190

なべなべそこぬけ

あそびかた

両手をつないで
左右にゆらゆら

♪なべなべ そこぬけ〜
そこがぬけたら〜

① 2人が向かい合い、両手をつなぐ。「♪なべなべ
そこぬけ　そこがぬけたら〜」とうたいながら、
両手をゆらゆら左右にゆらす。

♪かえりましょ〜

手をつないだまま

ひっくり返る

② 「♪〜かえりましょ」とう
たいながら手をつないだま
まひっくり返り、外側を向
いて背中合わせになる。

背中合わせになる

♫なべなべ そこぬけ〜
そこがぬけたら〜

♪かえりましょ〜

両手をつないだまま ひっくり返り
向かい合った 状態に戻る

③ 背中合わせの状態で「♪なべなべそこぬけ〜」とうたい
ながら、つないでいる両手を左右にゆらし、「♪〜かえ
りましょ」で手をつないだままひっくり帰り、内側を向
く。
向かい合った状態に戻る。

あそびのくふう

2人でできるようになったら、3人、4人と人数を増やしてやってみてもおもしろい。

紹介園　よいこのくに保育園（大分）

だるまさんがころんだ（アレンジ）

あそびかた 「だるまさんがころんだ」をアレンジしたもの

◎子どものみ

「だるまさんがゴリラ」と言えば、ゴリラのポーズで止まる。

言われたポーズでなければ、動いた子と同様にアウト。スタートに戻る。

いろんな動物で楽しむ。ワニ・カエル・だんご虫・ウサギ・トンボなど。

◎親子で
　「だるまさんがコアラ」と言えば、親子で抱っこ
　「だるまさんがかたぐるま」と言えば、親子でかたぐるまなど
　スタート～ゴールの位置を決め、その区間です。

◎本気バージョン！
「動いた！」「ナイスポーズ！」などの判定をする判定員を導入する。だるまのお面をつけると盛り上がる。

あそびのくふう

・０、１、２歳は大きい子の真似っこをしながら雰囲気を楽しむ。
・３、４、５歳は「本気バージョン」で止まることはもちろん、真似がうまい子、ポーズがおもしろい子には「ナイスポーズ賞」をつくる。クラス対抗でするときは、ポイント制を導入する。

紹介園　ひまわり保育園（熊本）

フルーツバスケット

あそびかた

①イスを人数分より1個少なく用意し、ジャンケンを
して鬼を1人決める。

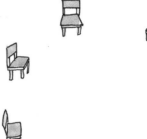

イスを人数分より
1つ少なく用意して
並べる

②鬼は円の真ん中に立ち、他のみんなはイスに座る。

③みんなが知っているフルーツの中から、鬼も含めて自分のフルーツの名前を決める。

④鬼は「リンゴ」や「バナナ」と一つのフルーツの名前を言う。イスに座っている子で、該当す
る子（自分のフルーツの名前を言われた子）は席を立ち、別のイスに座る。このとき、鬼も空
いているイスに座る。

リンゴの人は、立ち上がり席を移る

⑤鬼が「フルーツバスケット！」と言ったときは、全員が立ち別のイスに座る。
⑥座ることができなかった人が鬼になり、ゲームをくり返していく。

座ることができなかった人が鬼。

フルーツ
バスケット！！

あそびのくふう
鬼が「リンゴ」と「バナナ！」など複数のフルーツを言ってもおもしろい。

紹介園　よいこのくに保育園（大分）

リズムでイス取りゲーム

あそびかた

さくらんぼリズムなどの曲を使ってイス取りゲームをする。リズムに合わせ、ウサギ、アヒル、ウマなどになって動き、曲が止まったらイスに座る。

♪さくらんぼリズムの曲
例えば ウマの リズムで
イスの 周りを
回る

鬼は必要ありません

1回目は人数と
同じ数のイスで
全員が座ることが
できるように

曲が止まったら座る

キャッ

ぴょん

えい

2回目以降は
イスを1つ減らしたり
2つ減らしたりする

イスは
背もたれが
ないもので

どの位置からも
座れるように

✤座れなかった子は、減らしたイスに座って応援する。

紹介園　大橋保育園（福岡）

ジャンケン列車

あそびかた

①ピアノに合わせて動き、ピアノが止まったら近くにいる友だちとジャンケン。負けたら勝った
　友だちのうしろに着く。

②列車になってピアノの曲に合わせて動き、ピアノが止まったら相手を見つけてジャンケン。こ
　れをくり返し、一つの列車になるまでくり返す。

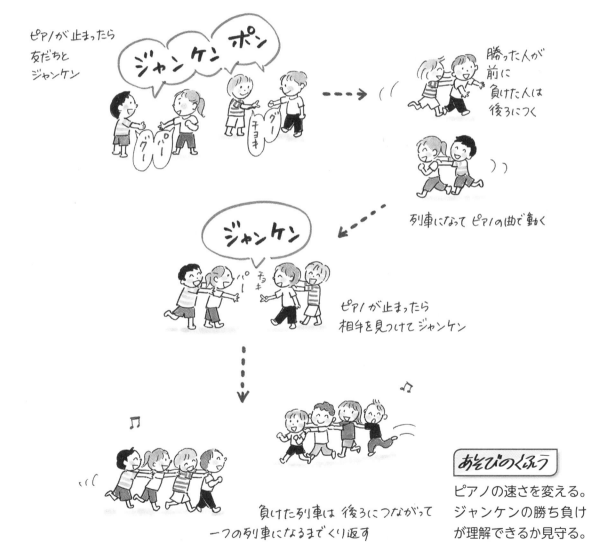

ピアノが止まったら
友だちと
ジャンケン

ジャンケン ポン

勝った人が
前に
負けた人は
後ろにつく

列車になって ピアノの曲で動く

ジャンケン

ピアノが止まったら
相手を見つけてジャンケン

負けた列車は 後ろにつながって
一つの列車になるまでくり返す

あそびのくふう

ピアノの速さを変える。
ジャンケンの勝ち負け
が理解できるか見守る。

紹介園　コスモスこども園（大分）

オオカミごっこ

あそびかた

3人からできるあそび

①1人、オオカミ役を決める。

②オオカミ以外の人（ヤギ）で円をつくり、その中にオオカミが座る。

③オオカミ以外の人（ヤギ）は、歌をうたいながら円を回る。

④「オオカミさん、何してるの？」とヤギが質問する。

　オオカミが「今○○しているところ」と答える。

オオカミ役は
お面をつける

最初は、
保育者が
オオカミ役に

オオカミ以外はヤギ
歌をうたいながら
円を回ります

オオカミさん
何してるの？

今、
○○してる
ところ

⑤オオカミが「いまからみんなを食べに行くぞ〜！」と言ったら、ヤギは逃げる。逃げるヤギを
　オオカミがつかまえる。

みんなを
食べに行くぞー！

キャー！

にげろっ　キャ・・・

ヤギたちは逃げ
オオカミは ヤギを
つかまえます

あそびのくふう

・お面をつけるとわかりやすいので、2歳でも楽しめる。3歳以上ではお面を作るところからは
　じめることで楽しめる。
・最初、オオカミ役は保育者がする。オオカミになりきることで子どもたちがより盛り上がる。

紹介園　よいこのくに保育園（大分）

保育者主導の鬼あそび

オオカミごっこ（絵本から）

🐦 あそびかた

オオカミと子ブタ、あるいは子ヤギに分かれて、絵本のストーリーに合わせた言葉のやりとりを楽しみ、追いかけっこをする。どちらのバージョンも最終的にオオカミをやっつけておしまい。

子ブタ バージョン

あそびのくふう

・保育者がオオカミになりきること。
・保育者が複数いるときは、しっかりと連携を取り合ってストーリーの流れができるようにする。
・子ブタバージョンでは、3びきの子ブタの指あそびも取り入れると盛り上がる。

紹介園　共同保育所ひまわり園（鹿児島）

なりきり鬼ごっこ

あそびかた

◎6～10人程度でのルールあそび

自分のイスを好きな場所へ置いて、リトミックあそびからルールあそびに展開する。

保育者がピアノを弾いている間は自由に走る。

ピアノを止め、保育者は「自分のイスに座る！」と言う。

子どもはその言葉に従って動く。

保育者は、子どもたちをつかまえに行き、イスに座る前につかまえたら『アウトー！』。座っていたら本人のイスかどうかを確認し、合っていたら『セーフ！』。

あそびのくふう

- ルールはいろいろなバリエーションで！
  『おともだちのイスに座る！』
  『2人組でイスの上に立つ！』など
  まず、簡単にウオーミングアップしてから始め
  る。
- 段々と慣れてきたら季節に合わせてイメージし
  ながら楽しめるようにする。
- 春であれば『イスの上でチョウチョになる！』
  『イスの上でカニになる！』 など。
- 秋であれば『イスの上でお団子になる！』

紹介園　湧水町子ども発達支援センターみのり（鹿児島）

マット鬼

あそびかた

子どもたちのなかには、「鬼ごっこは楽しい！」よりも、「鬼につかまる！」「こわい！」というイメージをもってしまったり、「鬼につかまったらイヤだからしない」とルールにとらわれる子や自由に逃げていくことがわかりにくい子もいる。鬼ごっこのルールをもっと簡単にし、セラピーマットなどを使い視覚的にわかりやすくすることで鬼から逃げきった楽しさや、鬼とのやりとりが楽しくなる。

セラピーマットは 鬼につかまらない場所

鬼がみてないスキに…

それっ

あそびを見ていてもOK

わわー

まてー

鬼

鬼が通せんぼすり抜けて 逃げたりやりとりも楽しい

セーフ！

- 最初はマットとマットの間を狭くして、逃げやすいようにする。
- ルールがわかるまでは、鬼は必ず保育者がする。
- 慣れてきたら、マットの数を減らしたり、鬼を増やしたり、時間を設定したり、アレンジして楽しむ。

最初は 鬼役は マットから 一番 遠い所にいる

慣れるまでは 鬼役は保育者

マットとマットの間を狭くして 逃げやすいように

保育者の関わりかたのくふう

- あそびはじめは、鬼役はマットから一番遠い所にいて、そこからスタートする。
  子どもたちが逃げる楽しさを十分に満足したら、「あと10秒！」などと時間を決めて終わりとする。
- 鬼がこわい子、ルールがわかりにくい子は、鬼役と別の保育者と一緒に動く。
- わざと見えていないフリをして、「しまった！」とオーバーリアクション。
- 慣れてくると、鬼を2人にして通せんぼしたり、鬼対子どもたちで「1人もつかまらないようにしよう」と、子どもどうしの気持ちがつながるように雰囲気づくりをする。

紹介園　むぎのめ子ども発達支援センターりんく（鹿児島）

トカゲのしっぽ取り

あそびかた

・人間役とトカゲ役に分かれる（人間役は最初は保育者1名からスタート）。

・トカゲ役はしっぽをお尻につける（ズボンにはさむ）。

・トカゲはしっぽを取られても、トカゲの拠点（家）に戻ってしっぽをつけると復活できる。

・拠点（家）は、草むらや岩にみたてて設定する。

緑色のしっぽ

長いしっぽ
短いしっぽ
いろいろ あると
おもしろい

トカゲの拠点
しっぽ
しっぽを とられても
つけて 復活

トカゲの隠れる場所を設定
岩
岩
（巧技台でも）
池

・トカゲの拠点や岩、池などの設営を工夫する。トカゲ役はトカゲになったつもりで逃げたり、隠れたりする。つかまえる役は虫捕り網を持って追いかけると、その世界を共有でき楽しめる。

・トカゲのしっぽの長さが数種類あるとより楽しめる。短いしっぽは赤ちゃんトカゲ、長いしっぽはお父さんトカゲ…になったつもりで楽しむ。長いしっぽにして逃げきれるか挑戦する。

紹介園　子ども家庭支援センターみらい（鹿児島）

ドラキュラ鬼ごっこ

あそびかた

鬼ごっこで、足の早い子はつかまりにくいが、足の遅い子はいつもつかまってしまうことが多い。足の速さに左右されずに楽しめる鬼ごっこ。

・ドラキュラ役1名、他は人間役。夜になり人間が眠りについてからスタート。
・ドラキュラに血を吸われた人は、ドラキュラになる（増やし鬼あそび）。
・血を吸う動作は、人間のからだに両手の人さし指を立てて「チュー」とさす。
・ドラキュラにつかまりそうになったら、指で十字架を作り、ドラキュラに見せると3秒間ドラキュラが動けなくなる。そのときは「1、2、3」と声を出して数える（十字架を作る人が声に出して数える）。
・ドラキュラは昼間は寝ていて、夜になると行動する。
・ドラキュラは両手を前にあげて（ゾンビみたいに）、歩いて追いかける（走らない）。

全員もしくは最後の1人になるまで楽しむあそびかたや、時間制限を設けるあそびかたもある。

あそびのくふう

・あそぶ場の広さは、広すぎないほうがいい。
・朝と夜を「朝になりました」の声で合図するのもいいが、太陽（朝）と月（夜）の絵を入れかえて、目で見てわかるようにすると、朝から夜に、夜から朝に変わる過程をドキドキして楽しむことができる。

スライドさせる
もしくは、入れかえる

巧技台

巧技台でも マットでも
人間の拠点 (家) が
あったほうがいい

巧技台だと様子をうかがったり
隠れたりできるので楽しい

にげろー

うー

両手を前に
(ゾンビみたいに)
歩いて追いかける
(走らない)

夜になったら
ドラキュラが
入ってくる

あ〜・・・・

チュー

人さし指で
血を吸う

十字架
(指で)

1・2・3

ドラキュラ

うー

指で十字架をつくり
ドラキュラに見せると
3秒間ドラキュラは
動けなくなる

紹介園　子ども家庭支援センターみらい（鹿児島）

走れ！ 鬼

🐦 あそびかた

あそぶ人数は何人でもOK。

①鬼を1人決め、鬼の合図でスタート！

②鬼にタッチされたら、その場で5回ジャンプする。

③ジャンプが終わったら、鬼からまた逃げる。

④ある程度、時間がきたら鬼は交替する。

あそびのくふう

・安全確保のために、逃げる範囲を決める。

・ジャンプの回数を変えてもいい。

紹介園　よいこのくに保育園（大分）

210

りんごが1つ

あそびかた

・鬼が言う「りんごが○個」の数に合わせて、地面にりんごを描く。
・鬼はその数だけ、ジャングルジムなどの遊具のまわりを回る。
・鬼が回り終えるまでに、描き終わった子はジャングルジムに登る。鬼は描くのが遅かった子をタッチする！
・タッチされた人が次の鬼になる。

りんごが ○1個！

例えば りんご5個

5回回る

グルグル

鬼は ジャングルジムなど 遊具の周りを 5回, 回る

地面に 5個のりんごを 描く

りんごを描き終えた子は、ジャングルジムに登る
鬼は タッチできない

回り終えるまでに 描き終わってない子を
タッチする

タッチ

紹介園　久留米保育問題研究会（福岡）

鬼 対 子の「追いかけ鬼」

歩き鬼

あそびかた

普通の鬼ごっことあそびかたは同じだが、鬼も逃げる人も走らずに競歩のように歩く鬼ごっこ。

鬼も逃げる人も 走らずに
競歩のように 歩きます

あそびのくふう

思わず走ってしまう子もいるので、速く歩くのに慣れるまでは保育者が一緒にあそぶ。「走った」「走ってない」などのトラブルになったときには、自分たちで話し合って解決する。

速く歩くのに慣れるまでは
保育者が一緒に

とっと…

走らない
走らない

はやあるき！

紹介園　大橋保育園（福岡）

３人鬼ごっこ

あそびかた

イスで動き回る範囲を決める（小さい範囲をつくる）

①３人のうちで、１人、鬼を決める。

②イスの内側で鬼ごっこを始める。

③鬼にタッチされた人が次に鬼になる。

３人のあいだで
１人 鬼を 決める

イスで 動き回る 範囲を 決める
（小さい 範囲）

鬼にタッチされた人は、鬼と交替する

地味な あそびですが
かな～り 楽しいですよ♪

紹介園　大光保育園（熊本）

ひょうたん鬼

あそびかた

・ひょうたんの形をした枠の中だけしか逃げられない。

・鬼はひょうたんの外側から、逃げる子をタッチする。

・タッチされたら外に出る。

・鬼はひょうたん内の×印のところだけは、足や手をついて中の子にタッチができる。

・鬼は2人くらいまでがいい。

アウトだと
ラインを引く

室内なら
ビニールテープ
などで

214

鬼は×のところにだけ
足や手をついて 中の人に
タッチができる

タッチ

わわっ

タッチされたら
外に出る

あそびのくふう

人数が多いとぶつかってケガをしたりするので、中にいる子は10人以内にする（枠の大きさにも
よる）。

紹介園　やまなみこども園（熊本）

鬼 対 子の「追いかけ鬼」

ふたりでタッチ！

あそびかた

①鬼役2人、逃げる役2人を決める。それ以外のお友だちは3人組で座る。

②鬼は10秒数えてから手をつないだまま、逃げる2人をつかまえに行く。協力して手をつないで逃げる2人を追いかけ、タッチできれば交替する。

③逃げる2人はタッチされる前に、座っている3人組の横に座ることができる。そのとき、反対側の2人が逃げる人となり、立って手をつなぎ、逃げる。

④逃げる途中で手が離れたら鬼と交替する。

鬼 2人

10秒数えます

3人組で座る

逃げる人 2人

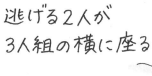
逃げる2人が
3人組の横に座る

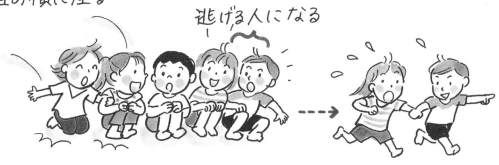
反対側の2人が
逃げる人になる

手をつなぎ逃げる

あ！

逃げる 途中で手が離れたら
鬼と交替する

あそびのくふう

鬼2人、逃げる人2人が難しいときは、逃げる人1人からはじめ、慣れてきたら人数を増やして
もよい。

手つなぎ しま鬼

あそびかた

①鬼を数人（クラスの人数による）決める。鬼は帽子をかぶる。

②鬼が10数えてゲームスタート！

③鬼にタッチされたら、1カ所に集まり、タッチされた子が2～3人になると、丸く輪をつくり、手をつなぎ、休けい島をつくる。

④逃げている子は走り疲れたら休けい島に入って休むことができる。鬼がきて10数えるあいだに休けい島から出なければならない（出ない場合は鬼が入ってきて、タッチされる）。

⑤タッチされた子が増えると休けい島が大きくなり、鬼がいない反対側から逃げると、つかまりにくくなる。

⑥最後まで逃げた1人がチャンピオン。

帽子の子が鬼

鬼ぃ

鬼ぃ

鬼にタッチされたら
1ヶ所に集まり
2〜3人になると
丸く輪をつくり

休けい島をつくる

1・2・3・4…10 !!

鬼

鬼が10数える間に
休けい島から
出ないといけない

逃げる子は
走り疲れたら休める

こっちから
逃げりぃ

タッチされた子が増えると
休けい島が大きくなる

反対側から逃げると
つかまりにくくなる

あそびのくふう

鬼にタッチされても、休けい島をつくることでゲームに参加できるので、楽しい。「こっちから逃げりぃ！」と教えたり、「がんばれー」と応援する。

紹介園　まつぼっくり保育園（福岡）

だれがたくさん　つかまえられるかな？

あそびかた

- 参加したい子を集め（異年齢OK）、鬼を決める。人数は何人でもよい、鬼の人数も（年長ペア、年少と年長ペアでもOK）子どもたちで決める。
- 鬼と逃げる子を決めたら、鬼が10秒数えてスタート。そのあいだに逃げる。
- 制限時間を決めて（平均5分くらい）、その時間内に鬼の子どもたちが何人つかまえることができるか、というあそび。
- つかまった子はコンテナで作った囲いに入れられる。
- 年少の子どもたちはタッチされてもそのまま逃げている子も多い。そこは子どもたちと話し合い、年少の子どもたちはタッチされても大丈夫というルール（暗黙の了解で）を作ったりもする。

1・2・3・4…

10秒数える

にげろー

タッチ

まず 僕が 鬼を するね

がんばって 逃げよう!!

参加したい人を 集める 異年齢OK

つかまった人は ココに入る

コンテナなどで囲いを作る

人数が多くなることがあるので、「誰が鬼？」「時間は？」などみんなで確認し、あそびのなかで、保育者も「あとは〜ちゃん（くん）が残ってるよ〜」「あと〜秒よ〜」など、参加している子に分かるように伝える。

制限時間を決めて（平均5分くらい）つかまえる

あと1分〜…
5・4・3・2・1・0
終る〜!!

保育者

今日は逃げるチームの勝ち〜!!

やった〜

鬼のチーム

どちらも作戦会議

つぎは2人で鬼したい

逃げるチーム

紹介園　河内からたち保育園（熊本）

221

ボール当て鬼

あそびかた

・参加したい子を集め、鬼を決める。

・このあそびが普通の「鬼ごっこ」と違うところは、タッチの代わりにボールを当てること。鬼はボールを持って、逃げる子を追いかける。

・ボールを当てられた子が次の鬼になり、ボールを持って、逃げる子を追いかける。

鬼は ボールを 持って

にげろー

えい

あたっちゃった

鬼がボールを投げて
逃げる子に当てる

ボールを当てられた子が鬼になる

まてー

鬼

キャーッ

鬼が投げたボールを
逃げる子が キャッチしたら セーフ!

あそびのくふう

異年齢であそぶ場合、体力差がでて、小さい子が不利になってしまうので、子どもたちと考えてルールを工夫する。例えば、高鬼のルールをくわえると、逃げる子が高い所に登っているときは、ボールは当てられない、など。

紹介園　河内からたち保育園（熊本）

電気ナマズ鬼ごっこ

あそびかた

電気ナマズの鬼はほふく前進でつかまえに行く。鬼にタッチされたら鬼の仲間になり、電気ナマズに変身する。最後まで残った人が勝ち。

にげろーっ

ほふく前進でつかまえにいきます

鬼

鬼

ひゃ〜っ

あそびのくふう

・参加する人数が多いときは、最初から鬼を増やして始める。
・時間に限りがあるときは、「あと○○秒で残った人が勝ち！」とみんなに知らせる。

タッチ

鬼にタッチされたら

鬼の仲間になり電気ナマズに変身

紹介園　さくらんぼ保育園（熊本）

224

らいおん鬼

あそびかた

①鬼（らいおん）を決め、鬼を囲んで手をつなぎ、丸いオリを作る。

②らいおんの「よーい」を合図に、みんなで「ガオォ！」と言い、つないだ手を離し逃げる。

③らいおんは、四つ這いでみんなを追いかける。

④鬼にタッチされたら、らいおんになる（らいおんがどんどん増える）。

⑤最後に残った子がチャンピオン。

よ〜い

鬼
らいおん

ガオ〜!!

ひゃーっ

わ
わっ…

ガオ〜

らいおんは 四つ這いで
みんなを追いかける

あそびのくふう

あそび込んでいくと、四つ這い姿勢のまま"走る"子どももでてくる。"四つ這いで駆け抜ける"という動きを通して全身を使ってあそぶことができる。

タッチ

鬼にタッチされたら

らいおんになる
（らいおんが どんどん増える）

紹介園　ちどり保育園（福岡）

バナナ鬼ごっこ

あそびかた

3人～10人程度であそぶ。

① 1人、鬼を決める。

② 鬼は10秒数えてからつかまえに行く。

③ 鬼にタッチされたら、氷鬼のように両手を頭の上で合わせ（バナナのポーズ）、静止する。

④ バナナになったときに、味方に頭上で合わせている手をバナナの皮にみたてて「むき、むき！」 とむいてもらうと、再び動けるようになり、逃げ回ることができる。

⑤ 全員バナナになったら鬼の勝ち。鬼が降参したら逃げていた子の勝ち。

鬼

10 数える

タッチ

あ〜っ

鬼にタッチ されたら

バナナ

両手を頭の上で 合わせて 静止する （バナナのポーズ）

手を下ろすときは バナナの皮を むくように 下ろす

味方に頭上に合わせている 手を下ろしてもらう

ふっかつ!!

にげろ〜

むき

むき

バナナの皮に
みたてて
両手を下ろす

・年齢や人数によって鬼の数を増減する。

・つかまったときは、バナナになりきること。手を下ろすときは、バナナの皮をむくように下ろす。

紹介園　大光保育園（熊本）／長崎県の保育園

COLUMN

乳幼児のスマホは発達に悪影響

　スマホを手にする乳幼児が増えています。2歳児の4割、3〜5歳児の6割がスマホを使用しているという調査結果もあります。スマホなどのメディア接触は子どもの脳の発達に悪影響を及ぼし、急性内斜視（より目）にもなりやすいといわれています。さらに、イライラや寝つきが悪くなる傾向が高くなり、他のあそびに関心を示さなくなるなどの問題が指摘されています。乳幼児期に何よりも大事な、人との触れ合いやからだを使ったあそびが少なくなってしまうことが最も懸念されることです。

　2019年4月、世界保健機関はスマホなどの視聴時間に関する初のガイドライン（「5歳未満の子どもの運動、座りがちな行動と睡眠に関するガイドライン」）を発表しました。0〜1歳児にはまったく見せない。2〜4歳児には1時間以内で、少なければより少ないほうがよい。さらに、0〜4歳児は連続1時間以上座った姿勢でいることをさけ、1〜4歳児は1日少なくとも3時間以上のアクティブな活動が大切だということです。乳幼児に必要なのは、スマホなどのメディアよりもからだあそびなのだということがここにも示されているのです。

助け鬼

電子レンジ鬼ごっこ

あそびかた

①鬼ごっこする範囲を決め、鬼を1人決める。

②鬼は10数えてから追いかける。逃げた子がタッチされたら、氷鬼のように、その場で固まって静止する（立ったまま両手を頭上で合わせたポーズ）。

③動けなくなった仲間を復活させるため、味方は2人組になって、固まった子を囲む。その子の頭上で手をつなぎ、そのまま「チン！」と電子レンジの音の真似をしながら手を下ろす。

「チン！」と温めてもらって氷が解けた子は、復活して再び逃げることができる。必ず2人組で手をつないで、つないだ手の輪が固まっている子のおなか辺りまで「チン！」と言って下ろさなければ温め（復活）成功にはならない。

④制限時間を決めて、時間がくるか、時間までに全員が氷になったら終了。

両手を上げて
動けなくなる

たすけよう！

2人で手をつないで

あそびのくふう

・仲間を助け出すときに、2人そろわなければ復活することができない点が、氷鬼と違うところ
　で、そこがおもしろさにつながっている。
・人数が多いときは、鬼の人数を増やしてあそぶと楽しくなる。

紹介園　さくらんぼ保育園（熊本）

うずまき鬼　2つ

あそびかた① うずまき鬼

クラスを2チームに分け（例　赤組、白組）、床にうずまきの曲線を描く。

①赤組（白組）は、うずまきの内側に並び、白組（赤組）は、うずまきの外側に並ぶ。

②「スタート！」の合図で、先頭の子どもから、うずまきに沿って相手のほうに進む。

③出会ったらジャンケンをし、勝った子はそのまま進み、負けた子は自分のチームの列の最後に並ぶ。負けた子のチームの先頭の子は、負けたことがわかったら、負けた子が列に戻るのを待たずにすぐスタートする。これをくり返す。

④先に相手側のスタート地点に到着したチームが勝ち。

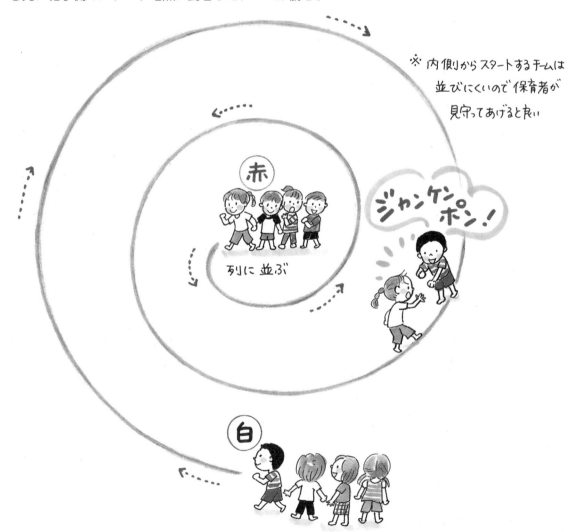

※内側からスタートするチームは並びにくいので保育者が見守ってあげると良い

赤

ジャンケンポン！

列に並ぶ

白

負けた人は
チームの最後尾に
並びます

すぐ
スタート
する

やったー！

相手の
スタート地点に
先に到着した
チームが 勝ち

あそびのくふう

はじめは、うずまきをただの曲線にするが、慣れてきたら複雑な線で描く。ゲームの楽しさはもちろん、前を見ながら線に沿って走ることの難しさも体験できる。

紹介園　よいこのくに保育園（大分）

あそびかた② いろいろジャンケン

①と同じだが、こちらはヘビジャンケンのあそび。
縄跳び・フープ・白線などで道をつくる。
2チームに分かれ、ジャンケンで進むのは同じ。
　＊あそびかたのイラストは次のページ。

ケンケン

平均台

わたる

タイヤ跳び

跳ぶ

鉄棒

支える

あそびのくふう（屋外）

ケンケンや平均台、タイヤの上やタイヤ跳び、鉄棒など様々な運動遊具で道をつくるといろいろな動きも体験できる。

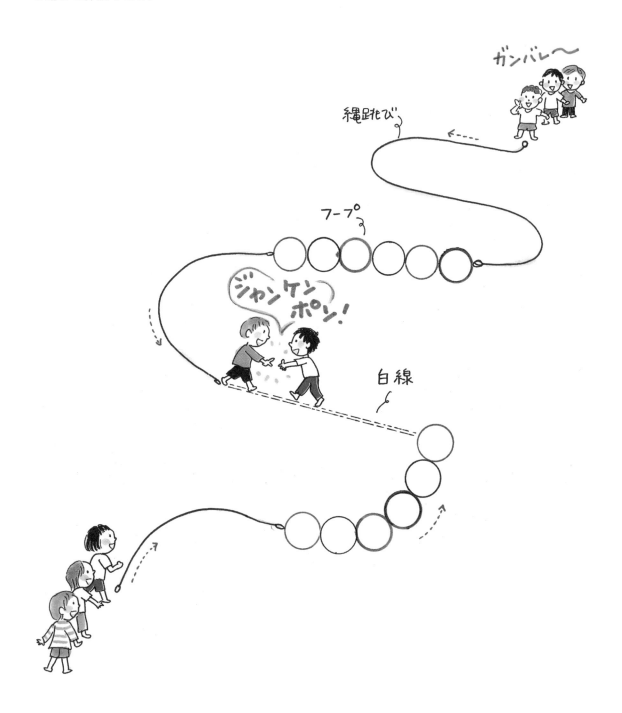

縄跳び

フープ

白線

ガンバレ～

ジャンケンポン！

紹介園　玄海風の子保育園（福岡）

ケンケン陣取り

あそびかた

平地で広いグラウンドなどで、4人以上であそぶ。
① 2グループに分かれて、陣地を決める。
② ケンケンで移動しながら、相手の陣地を先に取ったチームが勝ち。

ケンケンをしながら
相手の陣地を 取りに行く

陣地

陣地

ケンケン

ケンケン

ケンケン
ケンケン

休けい
エリア

おっとっと

両足を
地面に着いたら
自分の陣地に戻る

ドン

手やからだを使って
相手を倒してもよい

やだー
やられたー

相手の陣地を
先に取ったチームが
勝ち

ひと休み

休けいエリアは
両足をついてもよい

ホッ

紹介園　やまなみこども園（熊本）

233

ケイドロ

あそびかた

① ケイサツ・ドロボウの2チームに分かれる。

② 「牢屋」を決める。

③ ドロボウは逃げ、ケイサツが追いかけてタッチする。

④ タッチされたら、ケイサツと手をつないで牢屋へ。牢屋からは出られない。

⑤ 牢屋のドロボウは、味方のドロボウにタッチしてもらうと逃げることができる。

ケイサツ

ドロボウ

ケイサツに タッチされたら 手をつないで 牢屋へ

牢屋

まてー

まてー

にげろー

チーム分けを子どもに任せる。人数を調整したり、足の早い子に「こっちに来て」と呼びかけたりとチームの力を均等にするような話し合いの場にもなる。

恐竜鬼ごっこ

あそびかた

ケイドロと同じようなルール。

① つかまえる人が恐竜、逃げる人が人間として、タッチされたら牢屋（恐竜のおなかの中）に入る。
　食べられたことになるので、一度タッチされたら逃げられない。

② 恐竜が全員を食べるか、人間が逃げきれるかで勝ち負けを決める。

③ 追いかけるときは、恐竜になりきって走る。恐竜走りならOKだが、普通に走るのはダメ。
　人間はバリエーションがあり、走ってOK、あるいは早歩きのみOK。

つかまえる人

恐竜

逃げる人

人間

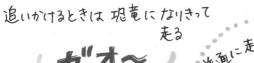

追いかけるときは 恐竜になりきって 走る

ガオ〜

ドシン ドシン

普通に走るのは ダメ ✕

ガブッ つかまえた!!

タッチされたら
牢屋へ
（恐竜のお腹）

牢屋

恐竜のお腹

食べられたことになるので
逃げられない

早歩き

のっし

のっし

人間は 走ってOK、早歩きのみOK
恐竜は スピードが 遅いので 人間の逃げ方を
考える

恐竜が好きな子が考えたあそびなので、どれだけ恐竜になりきれるかがポイント。
恐竜はスピードが遅いので、年齢や子どもの姿によって人間の逃げ方を考える。

紹介園　さくらんぼ保育園（熊本）

けいしっぽ取り

あそびかた

けいしっぽ取り＝ケイドロ＋しっぽ取り

①警察チーム（追いかける）と、泥棒チーム（逃げる）に分かれる。三角コーンで牢屋（ろうや）をつくる。

②泥棒チームは全員しっぽをつける（人数に差がありすぎると、子どもたちから不服の申し立てがあり、どう分けるか話し合いを……）。

③警察チームにつかまったら（しっぽを取られたら）牢屋に入る。まだつかまっていない泥棒にタッチされたら再びしっぽをつけて逃げてOK。

④全員がつかまったら、警察チームの勝ち。または制限時間を決める。逃げきることができたら泥棒チームの勝ち。

警察チーム VS 泥棒チーム

しっぽを着用する

しっぽをとられたら

牢屋に入れられる

たすけて〜

三角コーンで牢屋を作る

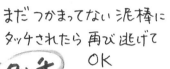

まだ つかまってない 泥棒に
タッチされたら 再び逃げて
OK

あ〜

制限時間 逃げきることができたら
泥棒の勝ち

いえ〜い

警察が 全員牢屋に入れたら
警察の勝ち

やった〜

紹介園　河内からたち保育園（熊本）

239

ネコとネズミのしっぽ取り

✎ あそびかた

しっぽ取りと助け鬼の合体したあそび。

①ネコチームとネズミチームに分かれる（同じ数）。

②それぞれ別の色のしっぽを着けるか、片方のチームが帽子をかぶり、敵・味方がわかるようにする。

③お互いのしっぽを取り合う。取ったしっぽは、自分たちの陣地の宝入れに入れる。

④しっぽを取られた人は動けなくなり、相手の陣地に入る。

⑤相手の宝入れから仲間のしっぽを取り返し、自分の仲間に渡せたら、仲間が復活できる。

⑥宝入れを守る人、相手のしっぽを取る人、相手の宝入れからしっぽを取り返す人などを決めたり、作戦を立ててあそぶ。

⑦片方が全滅するか、制限時間で区切って勝敗を決める。

同じ数で2チーム作る

✎ あそびのくふう

取ったしっぽの数が増えてきたら、宝を守る人を増やしたり、それぞれのチームの役割分担が勝利の鍵になる。仲間とのコミュニケーションが大切。

お互いのしっぽを取り合う

陣地

宝入れ

取ったしっぽは宝入れへ

陣地

宝入れ

しっぽ

しっぽを取られた人は相手の陣地に入る

ちょーだい

ふっかつ

相手の宝入れから仲間のしっぽを取り返し仲間に返せたら

仲間が復活できる

紹介園　まつぼっくり保育園（福岡）

こまあそび

あそびかた

板の上で回す（できれば床が傷つかないように）。

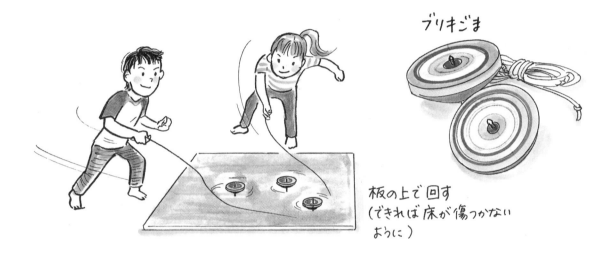

ブリキごま

板の上で回す
（できれば床が傷つかない
ように）

◎いろんな技に取り組む
・「手のせ」—床で回したこまを、手ですくって手にのせる。

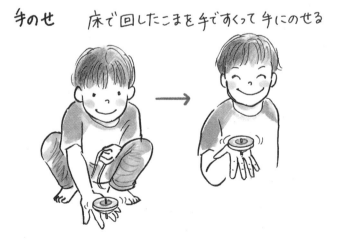

手のせ　　床で回したこまを手ですくって手にのせる

空中手のせ

こまを空中に
投げて そのまんま
手に のせる

・「ひっかけ手のせ」―床に回しているこま
の芯にひもをくるっと１回巻き付けて、ひ
もですくい上げて手の上にのせて回す。
・「空中手のせ」―こまを空中に投げてその
まま手にのせる。

◎スナイパー
・お盆・ボウル・おわん・ペットボトルキャッ
プなどを床に置いて、どれだけ小さな的の
中に入れて回せるか挑戦する。

◎みんなであそぶ
・「こまバトル」―だれが一番最後まで回し
続けられるか競う。
・「サバイバル」―全滅にならないように、
誰か１人でも、どれくらいの時間回し続け
られるか記録を計る。

こまバトル　誰が一番 最後まで
回し続けられるか 競う

◎そのほかのあそび
・積み木などで障害物のある道をつくる。こ
まの芯にひもをくるっと引っ掛けて（『犬
の散歩』）ゴールまで進む。

あそびのくふう

・技の難易度に合わせて「認定表」を作っ
て、いろんな技に取り組む。
・「どれだけ長い時間回せたか」「どれだ
け直径の小さい的の中で回せたか」「み
んなでどれだけの時間回せたか」など、
その施設でのギネス記録に挑戦しても
おもしろい。

◎その他
・昔からある「ブリキごま（缶ごま）」は安いがこわれやすい。少し高いがプラスチック製のこま
が壊れにくく技がしやすい。
・「こまを回す」のは楽しいが、それ以前の「ひもを巻く」のが難しくあきらめる子もでてくるの
で、こまを回したことがない子が多い場合は、太いひもで回せるこまを使うと巻きやすくなる。

紹介施設　学童保育よりどりちどり館（福岡）

243

5 学童保育であそぶ

田んぼの「田」鬼ごっこ

あそびかた

・地面（床）に「田」の文字を書き、逃げる側は「①」の場所を移動しながら逃げる。

・鬼は「②」の場所を移動しながら、「①」を移動している子をつかまえる。

・タッチされたら交替。

地面に「田」の文字を書く
逃げる側は①
鬼は②の場所を移動

タッチ

あそびのくふう

・鬼は1人だけでなくてもいいので、タッチされた人が鬼になり、どんどん増えていくのもよい。
「田」の字にこだわらなくてもいい。
・逃げる側は「3周したら勝ち」などのルールをくわえてもよい。

タッチされたら 交替して 鬼になるか

そのまま
鬼が どんどん
増えていくのも良い

鬼

鬼

おっと

紹介施設　学童支援ゆめの森（鹿児島）

245

うんこ鬼ごっこ

あそびかた

①巨大なとぐろ型のうんこを描く（あそぶ人数に合わせて大きさは考える）。

②鬼を決める（1人でも、何人でもいい）。

③子はうんこの中を動き、鬼はうんこの線上、もしくはうんこの外しか動けない。

子は うんこの中
鬼は うんこの線上
もしくは うんこの外しか
動けない

子はハエの中も動ける。ジャンプして
渡る（地面に落ちてはいけない）

④鬼は子を追いかけ、子はタッチされたら鬼になり、全員鬼になって子がいなくなったらおしまい。もしくは、鬼が交替して「エンドレスうんこ〔鬼ごっこ〕」にしてもいい。
・鬼が線から線にジャンプしながらタッチする「ジャンピングタッチ」は、事前に「あり」にするか、「なし」にするか、決めておく。

あそびのくふう

・つかまりたくないのに、いま、鬼が誰なのか分かりにくくて、つかまってしまう子がいたら、みんなで話し合いながら「目印をつける」（袖をまくるなど）、「鬼になったら大声で『鬼になった！』と叫ぶ」などのルールをくわえて、鬼がだれなのかわかりやすくするといい。
・とぐろうんこの先っぽについたら、「うんこのテッペンとーった！」と叫んだり、なんの意味もなく「うんこ」「うんこ」と連呼することにしてもおもしろい。
・うんこのまわりに巨大な「ハエ」の絵を何匹か描いて、「子はハエの中も動ける」ようにしてもおもしろい。「うんこ」から「ハエ」に行くときは、ジャンプして渡る（地面に落ちたらいけない）。
・うんこに抵抗がある場合は、他の絵を描いてもいい（絵描き歌の「かわいいコックさん」など）。

紹介施設　学童保育よりどりちどり館（福岡）

鬼あそび

よ～いドン

あそびかた

「鬼がどこに跳んでくるか／どうかわすか」「子はどこに跳びそうか／どうフェイントをかけるか」と、鬼と子との駆け引きを楽しむあそび。

①5、6メートル程度の線を、平行になるように地面に7、8本以上引く。

②鬼を1人決める。

③片方に鬼、片方に子どもみんなで向かい合う。

④「いっせ～の～で　よ～いどん！」と言って、適当な線と線のあいだにジャンプする。

　前に跳んでも、うしろに跳んでも、その場で跳んでもいい。

5～6メートル程度の線を平行になるように地面に7、8本以上引く

いっせ～の～で　よ～い

鬼

こんな風に最初は助走をつけて遠くまで跳んでも楽しい

どん!!

線と線のあいだをジャンプ!

⑤鬼と同じところに入った子は、鬼になる。鬼と同じ所に子が何人かいた場合は、ジャンケンなどで誰が鬼になるか決める。

あそびのくふう

・平行な線だけでなく、「碁盤の目」（直径１メートル弱の正方形で）のように、線を引いてあそんでもおもしろい。

紹介施設　学童保育よりどりちどり館（福岡）

なんでも引っ越しセンター

あそびかた

①10〜15メートルくらいの間隔をあけて、線を2本引く。

②鬼を1人決めて、鬼は線と線のあいだに入り、子は片方の線に立って並ぶ。

③鬼がお題を言う（例・「男の子」「スカートをはいている人」「ピンクの服を着ている人」「人間」など）。

④鬼が言ったお題に該当する子は、向かい側の線を越えるまで鬼にタッチされないように走る。

⑤子は向かい側の線を越える前に鬼にタッチされたら、鬼と交替する。

子

お題を言う

鬼

男の子‼

鬼からタッチされたら子と鬼は交替する

わわっ

びゅーん

俺様は男でゴザーる！（本当は女の子）

あそびのくふう

・鬼は、お題を「昨日お母さんに怒られた人」「宿題を忘れたことがある人」など、見た目で分からないことにしてもおもしろい。

・とくに男子だと「おしっこもらしたことがある人」「鼻くそ食べたことがある人」と下ネタをお題にすると、おもしろい。

・「"嘘"ありルール」にして、お題に該当しなくても、嘘をついて演技すれば走れるようにしてもおもしろい。例えば鬼が「女の子」と言って、男の子だけど「あら〜、わたし」とか言いながら女の子っぽく演技して走る。

お題がなかなか思いつかなかったり抵抗がある子には。

『人間』でいい

ホッ

「にんげん、でいい…」

と、伝えておく

いろんなお題を楽しむ

イヒヒ‥

昨日 お母さんに 怒られた人〜

鼻くそ 食べた ことある人〜

紹介施設　学童保育よりどりちどり館（福岡）

脱走

あそびかた

①長方形に線を引き、さらに２本線を引いて「町」「牢屋（ろうや）」の区画を作る（人数に合わせて）。

②２チームに分かれて、「悪人」と「警察」を決め、先攻と後攻（どちらのチームが先に悪人をするか）を決める。

③「悪人」は警察につかまらないように（タッチされないように）、線の向こうの「町」まで駆け抜ける。「警察」は枠の中に入り、「悪人」をつかまえる（タッチする）。

④子どもが、全員つかまるか脱走に成功したら、「悪人」と「警察」の役を交替する。

⑤分かりやすいように野球のように「１回表」「１回裏」と言ってもいい。

⑥何イニングかくり返して、脱走できた人数の合計が多いチームが勝ち。

警察と悪人を交替してもう1回戦（1回裏）を行う　全部で何回戦するかあそぶ前に決める

あそびのくふう

・悪人になりきって「てめぇら、俺らをつかまえられると思ってんじゃねぇぞ！」と普段は使ってはいけないような悪い言葉を使ってしゃべるとおもしろい。

・公園や広場など広い所では、「大脱走」と名前を変えて、公園や広場全体を使う。その場合は「ここは牢屋」「ここから先は町」がわかるように、線を2本引くといい。

・あそんだあと、家に帰ってから、もしくは次の日に学校で、「今日（昨日）牢屋から脱走した。警察につかまらずに逃げられた」などと話して、それを聞いたまわりの人をびっくりさせるのがおもしろい。

紹介施設　学童保育よりどりちどり館（福岡）

陣取り合戦

あそびかた

いろんなバリエーションのある陣取り合戦だが、鬼ごっこなどのあそびの発展したものとして、楽しめる。

① 2チームに分かれ、片方のチームは「ビブス」を着る・帽子をかぶるなど、互いにどちらのチームかわかりやすいようにする。

② それぞれ自分のチームの陣地を決め、宝となる物（例・ボールなど）を置く。

③ 相手チームの陣地に攻め込み、先に宝を奪ったチームの勝ち。ただし、相手チームのメンバーにつかまると、指定された檻（おり）に入らなければならない。再度、仲間にタッチされると逃げることができる。

2チームに分かれ
片方は ビブスを着る

つかまったら 相手チームの
檻へ

檻

仲間にタッチされると

ぶっかつできる

相手の宝を 先に
奪った方が
勝ち

やった！

しまった！

あそびのくふう

・あそびの前に作戦タイムを設けて、それぞれのチームで話し合いをする。そのときに、チームの誰かがおとりになる「おとり作戦」や、身を隠して不意打ちする「伏兵作戦」など、子どもたちからいろいろな作戦が編み出される。

・室内でもできるあそびだが、屋外の広い空間、また身を隠せる遮蔽物（公園の遊具）などがあったほうが意外な展開があり、あそびが盛り上がる。

紹介施設　学童支援ゆめの樹（鹿児島）

たまっこ戦争

◉準備するもの

玉は当たっても痛くないように、ゴムボールや新聞紙を丸めて布テープで巻いたような柔らかめのボールを用意。直径10センチくらい。

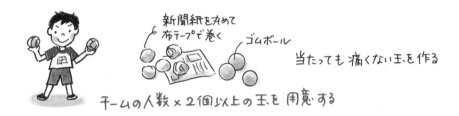

新聞紙を丸めて布テープで巻く
ゴムボール
当たっても痛くない玉を作る
チームの人数×2個以上の玉を用意する

あそびかた

①ドッジボールと同じように線を引く。

②2チームに分かれる。

③それぞれのチームに、最低でも「チームの人数×2個」以上の玉を用意する。

④各チーム、みんなが玉を持って準備ができたら「開戦ドン！」で始める。

⑤内野の人は、玉を投げて相手チームの内野に当てる。当てられたら外野に行く。（「玉＝鉄砲」のイメージなので、顔面に当たってもアウト。ワンバウンド以上した玉は当たったことにはならない）

⑥外野の人は、外野にきたボールを自分のチームの内野に投げて渡す。相手チームの内野を当てることはできない。

⑦相手を全員当てて全滅させたら勝ち。

あそびのくふう

・内野の人が、相手が投げた玉をノーバウンドで捕ったら、外野にいる味方を1人復活できる「復活ルール」を入れてもおもしろい。「キャッチの名人」が誕生する。

・遠くに投げるのが苦手な子は、外野のときに、ぐるっと回ってギリギリまで近づいて内野に渡してもいい。

顔面に当たっても「アウト」
ワンバウンド以上した玉は当たったことにはならない

アウト
セーフ
ワンバウンド

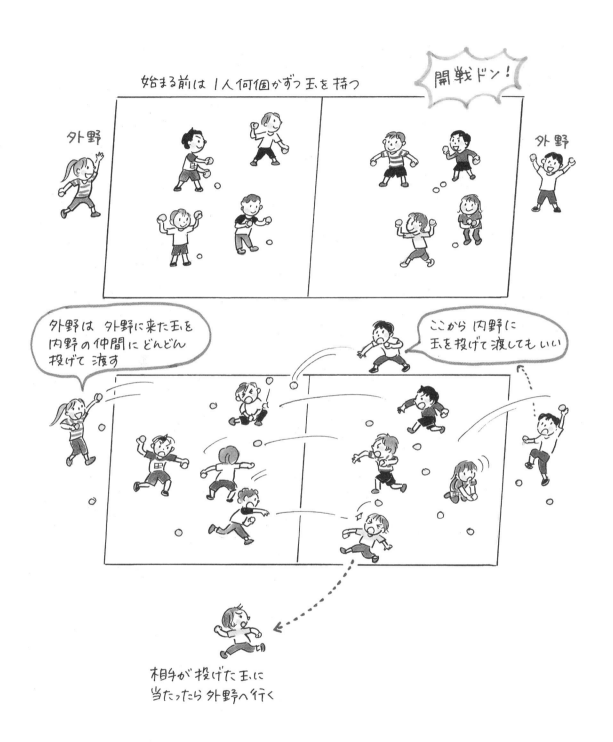

ソフトフライングディスク

あそびかた

柔らかいフライングディスクを使ったドッジボール風のあそび

フライングディスク
当たっても ソフトタイプ
なので 痛くない

①チーム分けをする。
②チームごとに外野と内野を決める。
　投げて相手に当てたら、当てられた子は外野に行く。最初から外野にいた人は当てたら、内野
　に戻れる。
③相手チーム全員に当てたチームの勝ち。

外野

外野

当たった人は外野へ行く

外野の人が
当てると内野へ
戻れます

外野

中に入れる

まっすぐ投げるのには
コツが必要
その技を身につけ
ようと夢中に…

ひゅんっ

あれ
れ…

あわ
っ

あそびのくふう

・ルール
試合時間を事前に決めて、終了後に内野が多いほうが勝ち。
当たっても外野には行かず、当てたら1ポイントなどとポイントを付けるなど子ども集団の実態
に合わせてルールにバリエーションをつけてもよい。
・投げかた
通常の投げかた＝手の甲を前に向ける投げかたを「女投げ」。野球のボールを投げるように手のひ
らから投げる投げかたを「男投げ」。他にもスナップを利かせてカーブをかけるなどの投げかたを
変化させるのも楽しい。

紹介施設　学童支援ゆめの樹（鹿児島）

卓球バレー

 あそびかた

・30センチくらいの板で卓球のピンポン玉を使って打ち合ってあそぶ。

・ピンポン玉を打った際の音を聞くことで、視覚障害のある人でも、音を頼りに打ち合うことができる。

あそびのくふう

卓球台ではなく、プレイルーム全体を使ってあそぶこともできる。また、その際に、「お尻を床に着けたまま」などの一定のルールを設ける。どうやったら相手の玉を打ち返せるか、考えながらあそぶ。

紹介施設　学童支援ゆめの樹（鹿児島）

あそびを紹介してくださった保育園・幼稚園・施設

福岡県
いふくまち保育園
大島保育所
大橋保育園
学童保育よりどりちどり館
久留米保育問題研究会
玄海風の子保育園
こばと保育園
杉の子保育園
すみれ保育園
西南学院舞鶴幼稚園
ちどり保育園
久山かじか保育園
ひさやま保育園杜の郷
まつぼっくり保育園
やまのこ保育園
若竹保育園

大分県
コスモスこども園
ふたばこども園
みつよし園
遊々舎
ゆめっこ保育園
よいこのくに保育園

宮崎県
乙房こども園
タンポポ保育園
南方保育園

鹿児島県
大口里保育園

学童支援ゆめの樹
学童支援ゆめの森
共同保育所ひまわり園
子ども家庭支援センターみらい
虹の子保育園
むぎっこ保育園
むぎのめ子ども発達支援センターりんく
湧水町子ども発達支援センターみのり

熊本県
河内からたち保育園
北合志保育園
黒肥地保育園
小羊保育園
さくらんぼ保育園
さつきヶ丘保育園
大光保育園
たからじま保育園
はつの・あそびの森こども園
ひまわり保育園
保育園こころ
美心幼愛園
やまなみこども園

佐賀県
ころころ保育園
しらゆり保育園
保育園ひなた村自然塾
林檎の木保育園

長崎県
つばさ保育園
長崎県の保育園2か園

編集委員（◎印は編集長）

愛甲　明実（共同保育所ひまわり園）
秋丸　順平（玄海風の子保育園）
大元　千種（別府大学短期大学部）
甲斐　寛（よいこのくに保育園）
鐘ケ江淳一（九州産業大学）

◎黒川　久美（むぎっこ保育園）
坂本　慎也（河内からたち保育園）
福井　英二（こばと保育園）
古林　ゆり（福岡・精華女子短期大学）

おわりに

『からだあそび145選』いかがでしたか？ 九州7県から54の園・保育者たちが、子どもたちに人気のあるからだあそび〜乳児期から幼児期、さらには学童期まで145種類〜を紹介してくれました。いずれも九州合研を介してつながり、実践を深め合ってきた園・保育者です。

本書は、かもがわ出版からの呼びかけに応えて、九州合研に関わる保育者・研究者9名で編集委員会を立ち上げ、本づくりに取り組んできました。エントリーされたあそびの分類をはじめ、あそびの小論やコラムの執筆、その検討など、1年3か月にわたって編集委員会を重ね、またメールでの意見交換を行い、ようやく出版にこぎつけました。日々の実践や研究を行いながら編集作業に携わった委員たちの心意気があってこそ。

ところで、2020年九州合研福岡集会がちょうど50回の節目にあたることから、本書は「九州合研50周年記念企画」ともなっています。実践に裏打ちされたあそびの数々を九州のみならず全国に発信できることを大変うれしく思います。

本書の大きな魅力の一つは、躍動する子どもの姿が描かれたあそびのイラストではないでしょうか？ 自分の園・クラスの子どもたちの顔を思い浮かべながら、「アッ、このあそび、子どもたちとやってみたい！」と、イマジネーションを刺激するイラストですね。子ども心、あそび心いっぱいのイラストレーターの田中せいこさんの手にかかると、あそびの簡単な説明文も、たちどころにワクワクドキドキのあそびのイメージ図に変換されるのです。さあ、どのあそびを子どもたちと一緒に楽しみましょうか？

最後に、かもがわ出版の鶴岡淑子さんのお声かけがなければ本書は世に出ませんでした。鶴岡さんとは九州合研編のブックレット『保育っておもしろい！』シリーズ（現在全7巻刊行）からお付き合いがあります。鶴岡さんの優しくも厳しい叱咤激励に感謝いたします。

からだあそび 145 選

——愉しくなければあそびじゃない!——

2020 年 5 月 1 日　初版発行

編　者　九州合研常任委員会
　　　　表紙・イラスト　田中せいこ
発行者　竹村　正治
発行所　株式会社　かもがわ出版
　　　　〒 602-8119 京都市上京区堀川通出水西入
　　　　営業部　☎ 075-432-2868　FAX 075-432-2869
　　　　編集部　☎ 075-432-2934　FAX 075-417-2114
　　　　振替 01010-5-12436
　　　　http://www.kamogawa.co.jp
印　刷　シナノ書籍印刷株式会社

ISBN978-4-7803-1080-1　C0037
JASRAC 出　2000156-001